Udo Krause

Bierbrauen

Udo Krause

Bierbrauen

Rezepte und wertvolle Tips
für Hobbybrauer

Alle Angaben in diesem Buch wurden mit der größtmöglichen Sorgfalt zusammengestellt und überprüft. Dennoch können Verlag, Redaktion und Autor keine Haftung übernehmen für die Richtigkeit der Angaben und/oder für Vermögens-, Sach- und Personenschäden, die im Zusammenhang mit den beschriebenen Tips und/oder aus der Anwendung der hier erteilten Ratschläge und Informationen entstehen.

© 1995 by Südwest Verlag GmbH & Co. KG, München
Alle Rechte vorbehalten

Redaktion: Cornelia Osterbrauck
Redaktionsleitung: Dr. Reinhard Pietsch
Umschlaggestaltung und Layout: Elisabeth Petersen
Illustrationen: Eckhard Hundt
DTP/Satz: Fotosatz Völkl, Puchheim
Herstellung: Dieter Lidl
Druck/Bindung: Legoprint, Trento
Printed in Italy

Gedruckt auf chlor- und säurefreiem Papier

ISBN 3-517-01707-8

INHALT

Eine alte Tradition, die Spaß macht 9

**KAPITEL I – Die Zutaten für die eigene
Bierherstellung** 13
Ökologische Rohstoffe 13
   Der Zustand der Rohstoffe 15
   Lagerung und Behandlung der Rohstoffe 18
   Die Weiterverarbeitung in der Brauerei 19
   Verarbeitungsgrundsätze nach den Bioland Anbau-
   und Braurichtlinien 20
   Die ökologisch geprägte Brauphilosophie 24
   Bio-Brauereien im Überblick 26
Die Gerste 28
Das Malz 29
   Schematische Darstellung der Malzbereitung 32
Zuckercouleur 33
Der Hopfen 33
Die Hefe 36
Das Brauwasser 39
   Die Wasserqualität 39
   Grenzwerte für Brauwasser 40
      Wasserhärte 40
      Carbonathärte 41
      Nichtcarbonathärte 42
      pH-Wert 42
   Härtebereiche des Wassers 44
   Wasserenthärtungsverfahren 45
      Enthärtung durch Abkochen 45
      Enthärtung mit Ätzkalk 46

Enthärtung mit Aktivkohle 47
Nitrat und Nitrit 48

**KAPITEL II – Die Grundausstattung des
Hobbybrauers** 51
Ausrüstung und Gerätschaften 51
Die Schrotmühle 52
Kochlöffel 52
Die Bierwürzespindel 52
Filter 55
Gärgefäß 56
Bierflaschen 57
Die Grundausrüstung für den Hobby-Bierbrauer im
Überblick 58

KAPITEL III – Der Brauvorgang 59
Die acht Phasen der Bierherstellung 59
  Der Brauvorgang in der Übersicht 60
  1. Vorbereitungen 60
  2. Maischen 61
    Einmaischen 62
    Eiweißrast 64
    Maltoserast 64
    Verzuckerungsrast 65
    Jodprobe 65
  3. Abläutern (erstes Filtern) 66
    Würzgehalt prüfen 67
  4. Würze kochen und Hopfenzugabe 68
    Die Hopfenmenge 70
    Kriterien für die Hopfenmenge 70
  5. Ausschlagen (zweites Filtern) 71
  6. Abkühlen 72
  7. Hauptgärung 73

Lagerung bei der Hauptgärung 74
Gärdauer 74
Die Hauptgärung im Überblick 75
Alkoholgehalt 76
8. Nachgärung und Klärung 77
Schlauchen 77
Naturtrübes oder klares Bier 78
Lagerung des Bieres 79
Der richtige Genuß 81
Die acht Phasen im Überblick 82
Bierrezepte 84
Bierrezept 1 – dunkles Vollbier, Typ Alt/obergärig 87
Bierrezept 2 – helles Vollbier, Typ Kölsch/obergärig . . . 88
Bierrezept 3 – dunkles Starkbier, Typ Landbier/
obergärig 89
Bierrezept 4 – helles Vollbier, Typ Export/untergärig . . . 90

KAPITEL IV – Die Unterscheidung unserer Biere 91
Biergattungen und Stammwürzegehalt 91
Bierarten und Hefe 92
Biertypen und Biersorten 93
Untergärige Sorten 93
Deutsche Biersorten im Überblick 94
Obergärige Sorten 98
Die Behörden reden mit 99
Steueranmeldung und Steuererklärung 99
Biersteuer 100

KAPITEL V – Bier als Lebensmittel 101
Vom Nährwert des Bieres 101
Der Nährwert von Bier im Vergleich mit anderen
Getränken 101
Bier und Gesundheit 102
Was unser Bier an Stoffen enthält 103

KAPITEL VI – Die historische Entwicklung des Bierbrauens 104
Wie alles anfing 104
Das Bier der Germanen 105
Die Klosterbraukunst 106
Das Bier des Mittelalters 109
Das Reinheitsgebot von 1516 111
   Vorläufer des Reinheitsgebotes 113
   Der Text des Reinheitsgebotes von 1516 115
Das 19. Jahrhundert 116
Die moderne Bierbrauerei 118
   Brauereimuseen in Deutschland auf einen Blick 120

KAPITEL VII – Bier in der Küche 123
Kochen mit Bier 123
Getränke mit und aus Bier 127

ANHANG 129
Kleines Lexikon der Fachbegriffe 129
Bezugsquellen 137
Weitere nützliche Anschriften 138
Literaturhinweis 139
   Rechtliche Grundlagen 141
Stichwortverzeichnis 142

EINE ALTE TRADITION, DIE SPASS MACHT

Vor zehn Jahren tauschte ich das Großstadtleben gegen ein Leben auf dem Lande ein. Nach einigen Lernprozessen, beispielsweise in der Gartenarbeit, bei der Tierhaltung oder bei der Herstellung von eigenen Lebensmitteln, versorgt sich meine Familie inzwischen zu einem nicht geringen Teil von selbst angebauten oder hergestellten Produkten. Diese manchmal hart erarbeitete Selbstversorgung spart nicht nur Kosten, sie macht vor allen Dingen auch Spaß. Außerdem schmecken die selbst produzierten Lebensmittel immer besser, sind frischer und haben eine höhere Qualität gegenüber der gekauften Ware aus dem Supermarkt. Es blieb nicht bei der Selbsterzeugung von Gemüse, Fleisch, Wurst, Marmelade und Saft. Ausprobiert wurde auch die Herstellung von eigenem Bier. Es funktionierte auf Anhieb – und natürlich war es das schmackhafteste Bier meines Lebens.

EINST UND HEUTE

In früheren Zeiten war hierzulande die Bierbrauerei kein Privileg von Klöstern oder gewerblichen Brauereien, sondern viele Haushalte brauten für den eigenen Bedarf. Diese ursprüngliche Form der Bierherstellung war teilweise noch bis in die ersten Jahrzehnte unseres Jahrhunderts weit verbreitet. Die gesellschaftlichen Rahmenbedingungen, d. h., der sogenannte Fortschritt und unsere „moderne" Lebensweise, haben im Laufe der letzten Jahrzehnte dazu geführt, daß die Möglichkeiten und Techniken der Selbstversorgung mit Lebensmitteln weitgehend zugunsten industriell hergestellter Fertigware und tiefkühlgerechten Massenprodukten verdrängt wurden. Doch die zunehmende Skepsis gegenüber Lebensmitteln, die unter dem Gesichtspunkt immer höherer Erträge und Gewinne produziert werden, führte bei vielen Menschen zu veränderten Ernährungsgewohnheiten und bewußterem Konsumverhalten. Wen wundert es auch, wenn man sich die Schlagzeilen der letzten Zeit noch einmal vor Augen hält: Chemie in Lebensmitteln durch Überdüngung und Pestizid-Einsatz, Hormonkälber, Rinderwahnsinn, Schweinepest, Salmonellenhühner in Legebatterien, Gefahren der Gentechnologie usw. Neben der Bio-Welle erlebte auch das „Selbermachen" eine Renaissance. Brot backen, Obst und Gemüse einkochen, selbstgemachte Marmelade oder gar Wein – das alles ist für viele Menschen nicht nur zu einer attraktiven Freizeitbeschäftigung geworden.

ZU HAUSE BIER BRAUEN

Warum also nicht auch das eigene Bier brauen? Dabei handelt es sich keineswegs um eine hochkomplizierte und für den Laien nicht zu bewältigende Großtechnologie, wie man sie z. B. in einer modernen Brauerei besichtigen kann. Bier besteht erst einmal nur aus vier Grundstoffen: Malz, Hopfen, Hefe und Wasser. Das ist alles – und heutzutage mühelos zu beschaffen. Der Hobbybrauer und Selbstversorger kann nach den folgenden Hinweisen und Rezepten ein wohlschmeckendes und bekömmliches Bier zu Hause herstellen. Dazu soll dieses Buch ermutigen sowie Hilfestellungen und Anregungen geben, um damit nicht zuletzt die alte Tradition des Hausbrauens wieder aufleben zu lassen.

ZUM BUCHAUFBAU

Zum Thema Bier werden viele Sprüche geklopft und Anekdoten erzählt, auch in der einschlägigen Literatur, und dies fast immer von Männern. Da geht es sowohl um Mystisches aus grauer Vorzeit, Trinksitten und Sexualität, aber auch um Sauflieder, Wies'n-Feste und „richtige" Männergeschichten (obwohl die Bierbrauerei früher fast immer die Aufgabe der Frau war). Zu diesem Themenkreis werden Sie in diesem Buch kaum etwas finden. Vielmehr sollen Sie möglichst ohne verschnörkeltes Beiwerk an das Thema Bier und Bierbrauen herangeführt werden. Aber „nüchtern bleiben" bedeutet in diesem Fall nicht, die trockene Wissenschaft der Biochemie schulbuchmäßig in allen Details zu erläutern, sondern sich auf die Informationen und Erläuterungen zu beschränken, die der Hobbybrauer als Einstieg benötigt. Das Buch richtet sich an den Laien, den „Einsteiger", der ohne besondere Vorkenntnisse möglichst unkompliziert und ohne aufwendige, in fast jedem Haushalt vorzufindende Gerätschaften mit etwas Übung zum Selbstversorger für sein eigenes Bier werden kann.

BIERBRAUEN – EINFACH GEMACHT!

Ohne spezielles Vorwissen und besondere Gerätschaften können Sie als Anfänger mit Hilfe dieses Buches Ihr erstes selbstgebrautes Bier herstellen. Um Ihr Bier voll zur Geltung kommen zu lassen, finden Sie am Ende des Buches einige Kochrezepte, die mit Bier verfeinert werden.

Ausführlich werden in gesonderten Kapiteln alle Zutaten und Ausrüstungsgegenstände für die Bierherstellung erläutert. Einige Gegenstände kann man nach den Beschreibungen und Skizzen auch leicht selber bauen. Und beim Einkauf der Zutaten können Sie heute auf kontrolliert ökologisch angebaute Rohstoffe zurückgreifen, die besonders zu empfehlen sind. Anschließend wird der Brauvorgang Schritt für Schritt und in allen für den Bierbrau-Anfänger notwendigen Einzelheiten erläutert, so daß eigentlich nichts mehr schiefgehen kann. Bei der Rezeptauswahl wurde darauf geachtet, den Hobbybrauer angesichts der zahlreichen in- und ausländischen Biersorten und deren regionaler Varianten nicht zu überfordern und zu verwirren. Sie können vielmehr zwischen vier Rezepten für ober- und untergäriges Bier auswählen und auf dieser Grundlage nach etwas praktischer Erfahrung fast unbegrenzte Rezeptvariationen oder eben Ihr Lieblingsbier entwickeln. Beim Einheitscharakter der meisten heutigen Biertypen aus den Großbrauereien werden Sie bald die individuellen Geschmacksmöglichkeiten für Ihr Hausbier zu schätzen wissen. Der Reiz am Experimentieren mit verschiedenen Malz- und Hopfenmengen oder unterschiedlichen Braumethoden liegt nicht zuletzt darin, eine Biersorte zu brauen, die den ganz persönlichen Geschmack trifft. Weil es eben nicht das eine Brauverfahren gibt, sondern viele Möglichkeiten, wird das Bierbrauen zu einem ganz individuellen Freizeitvergnügen. Und nach einiger Zeit kann die überzeugende Qualität des eigenen Hausbieres auch dazu führen, daß Sie nie wieder das gewöhnliche Industriebier trinken möchten.

Die Kosten der eigenen Biererzeugung werden für den brauenden Selbsterzeuger kaum entscheidend sein. Es ist aber immer erheblich preiswerter als das Bier aus dem Getränkemarkt oder der Kneipe nebenan. Wichtiger ist sicherlich, daß die Bierherstellung zu Hause eine spannende und begeisternde Angelegenheit ist. Die Freude daran, sein eigenes Bier herzustellen und mit Freunden zu genießen, gleicht unter Garantie jedwede Mühe aus.

Beim selbstgebrauten Bier ist noch ein wichtiger Punkt zu beachten. Auch dieses für den Eigenbedarf bestimmte Bier unterliegt der Biersteuer. Eine Biermenge von über 200 Litern im Jahr muß der zuständigen Zollstelle gemeldet und auch versteuert werden!

Viel Vergnügen beim Brauen und einen mundenden Schluck der Extraklasse!

Udo Krause

KAPITEL I
DIE ZUTATEN FÜR DIE EIGENE BIERHERSTELLUNG

ÖKOLOGISCHE ROHSTOFFE

Bier ist wegen seiner wertvollen Inhaltsstoffe ein durchaus empfehlenswertes Getränk, soweit es im Hinblick auf den Alkoholgehalt in Maßen genossen wird. Das Reinheitsgebot in Deutschland garantiert dem Biertrinker, daß ausschließlich Braugerste oder -weizen, Hopfen, Wasser und Hefe verwendet werden. Andere Grundstoffe dürfen zumindest die deutschen Brauereien für den Inlandsmarkt nicht einsetzen. In der Vergangenheit gab es zwar Verstöße gegen das Reinheitsgebot, aber Bierpanschereien durch Zusatz von Haltbarkeitssubstanzen wie Bromessigsäure oder Alginat zur Schaumverbesserung waren Einzelfälle.

Reinheit! Durch den Einsatz ökologischer Braurohstoffe ist die Reinheit Ihres selbstgebrauten Bieres in zunehmendem Maße abgesichert.

Die Zeitschrift Ökotest-Magazin hält es zwar für möglich, daß die eine oder andere Brauerei Konservierungsstoffe wie Formaldehyd, Schwefeldioxid und PHB-Ester oder Tannin einsetzt, doch im allgemeinen wird das Reinheitsgebot eingehalten. Die Brauindustrie hat schließlich einen werbewirksamen Ruf zu verlieren und die Lebensmittelaufsicht im Nacken.

Das Reinheitsgebot ist in der heutigen Zeit, in der wir mit vielfältiger Chemie in Nahrungsmitteln konfrontiert werden, sicherlich eine Bestimmung, die man sich in ähnlicher Konsequenz auch für andere Lebensmittel wünscht. Es garantiert Chemikalienfreiheit, wie sie sonst für kaum ein anderes Lebensmittel existiert. Auf alle Fälle haben die Regeln des Reinheitsgebotes bisher verhindert, daß die im Ausland teilweise erlaubten Zusatzstoffe in unserem Bier nicht zu finden sind. Bekannt sind etwa 100 dieser Stoffe, die bei der Einfuhr dieser Biere auf der Verpackung deutlich kenntlich gemacht werden müssen. Hierzu gehören bestimmte Konservierungsstoffe, Enzyme, Oxidationshemmer, Süßstoffe, Klärmittel, Schaumbilder, Schaumbremser, Stabilisatoren und Farbstoffe sowie Salzsäure und Schwefelsäure.

Trotz Reinheitsgebot hatten sich vor einigen Jahren bei mehreren deutschen Biersorten Chemikalien eingeschlichen. Bereits im Jahre 1982 berichtete das unabhängige Katalyse-Institut für angewandte Umweltforschung in Köln in seiner Veröffentlichung „Chemie in Lebensmitteln", daß in 70 % aller untersuchten Bierproben krebserregende Nitrosamine gefunden wurden. Diese entstanden bei der Herstellung von Braumalz durch die Einwirkung von Stickoxiden in der Trocknungsluft auf Inhaltsstoffe des Malzes. Das Problem wurde in der Zwischenzeit gelöst. Die direkt beheizten Malzdarren (Behälter zum Trocknen und Rösten des Malzes) wurden abgelöst von indirekt befeuerten Anlagen, bei denen ein direkter Kontakt zwischen Brenngasen und Malz nicht mehr vorkommen kann.

Chemische Reaktionen beim herkömmlichen Bierproduktionsprozeß verursachten früher krebserregende Stoffe.

Warum eine Diskussion über ökologische Rohstoffe und Bio-Brauereien, wo doch nach dem weiterhin geltenden Reinheitsgebot beim „Lebensmittel Bier" heute alles in Ordnung zu sein scheint? Das fragt sich der verunsicherte Hobbybrauer und Biertrinker zu Recht. Als das Reinheitsgebot im Jahre 1516 erlassen wurde, waren Gerstenäcker, Hopfengärten und auch das Grundwasser noch unbelastet, Kunstdünger, Pestizide und chemische Hilfsstoffe unbekannt. Die Rohstoffe bedingten zu dieser Zeit keinerlei Vorbelastungen für das fertige Bier. Die Zeiten haben sich seitdem gewaltig geändert. Heute liegen die Kritikpunkte gegenüber dem Bier in der Art und Weise der Rohstoffproduktion, den Lagerbedingungen dieser Stoffe und teilweise im Brauprozeß selbst sowie bei den Abfüllbedingungen. Diese verfahrensbedingten Umstände werden nämlich durch das Reinheitsgebot nicht unmittelbar erfaßt, wie es uns die Bierwerbung manchmal suggerieren möchte, sondern hauptsächlich von den lebensmittelrechtlichen Bestimmungen festgelegt.

Der Zustand der Rohstoffe

Aber beginnen wir mit der angesprochenen Beschaffenheit der verwendeten Rohstoffe. Aufgrund der weitgehenden Industrialisierung der Landwirtschaft hat sich auch die Getreideerzeugung grundsätzlich geändert. Es wurden ertragreichere Getreidesorten gezüchtet, die aber schwächere natürliche Abwehrkräfte gegenüber Krankheiten besitzen, was wiederum einen umfassenden Chemieeinsatz bedingte (z. B. chemische Unkraut- und Schädlingsbekämpfung oder Wachstumsregulatoren). Auch die Getreidesorten für unser Bier sind davon betroffen, weil Gerste und Weizen grundsätzlich krankheitsanfälliger sind (Mehltau, Zwergrost, Netzflecken) als z. B. Roggen oder Hafer. Land- und Brauwirtschaft sprechen zwar von umweltorientierter Düngung und umweltschonendem Pflanzenschutz, der die chemische Keule erst bei Überschreitung von Schadschwellen vorsieht – die Realität auf konventionellen Gerstenäckern oder in Hopfengärten sieht aber oft anders aus, weil diese Schadschwellen eben regelmäßig auftreten.

Besondere Bedeutung hat die Düngung auf die Qualität der Braugerste. Sie wird zwar mit weniger Stickstoff als Futtergerste gedüngt, die Reduzierung beträgt aber in Abhängigkeit von den örtlichen Bodenverhältnissen nur maximal 20 kg Stickstoff pro Hektar. Bei einer durchschnittlichen Stickstoffzufuhr durch

Mineral- und organischen Dünger von fast 200 kg pro Hektar und Jahr landwirtschaftlicher Nutzflächen fällt diese, wenn auch notwendige, Beschränkung in der Gesamtbilanz eher mäßig aus. Selbst die Brauwirtschaft konnte sich gegenüber der Landwirtschaft bisher kaum mit der Forderung durchsetzen, weniger stickstoffhaltige Dünger einzusetzen, um dadurch den Eiweißgehalt der Braugerste und als „Nebeneffekt" damit auch die Grundwasserbelastung durch Nitrat gering zu halten. Der Hintergrund dieser Problematik dürften die relativ niedrigen Erzeugerpreise sein, die die Landwirte durch höhere Ernteerträge zu kompensieren versuchen. Ertragssteigerungen setzen aber einen höheren Düngereinsatz voraus. Um keine Ertragseinbußen zu riskieren und weil die Gerste wegen ihres im Vergleich zu anderen Getreidesorten, weniger potenten Wurzelsystems möglichst leicht verfügbaren, wasserlöslichen Stickstoff benötigt, findet eine zurückhaltende Düngung kaum statt.

Beim Hopfenanbau sieht die Situation nicht weniger problematisch aus. Konventioneller Hopfen wird in sehr intensivem Anbau unter hohem Einsatz von Agrarchemikalien erzeugt. Noch vor wenigen Jahren spritzten die Hopfenbauern bis zu 16mal im Jahr gegen pflanzliche und tierische Schädlinge wie Mehltau, Peronospora, Rußtau, Spinnmilbe, Hopfenblattlaus, und setzten dabei u. a. 28 kg Pestizide pro Hektar ein. Zwar sind die Carabamat-Pestizide, deren giftige Abbauprodukte früher noch im Bier nachzuweisen waren, inzwischen verboten, aber an ihre Stelle sind andere Pestizid-Wirkstoffe getreten, die „nur" noch bis zu viermal jährlich gespritzt werden, deren ökotoxikologische Wirkung jedoch teilweise noch nicht erforscht ist. Bei der intensiven Düngung des Hopfens spielt besonders der Nitratgehalt eine Rolle, weil Hopfen wie anderes Gemüse Nitrat als Nährstoff speichert. Konventionell angebauter Hopfen bringt bei einer Menge von 20 g je zehn Liter Bier bereits 10–25 mg/l Nitrat in das Bier ein.

Es galt lange Zeit als unmöglich, die schädlingsanfällige Sonderkultur Hopfen in ökologischer Weise anzubauen und damit für die 23.000 Hektar Anbaufläche in der Bundesrepublik über 600.000 kg Pestizide einzusparen. Mittlerweile beweisen in Deutschland immerhin acht ökologische Hopfenbauern, daß es auch ohne die chemische Keule funktioniert. Und so ist heute die Nachfrage nach biologisch angebautem Hopfen größer als das Angebot.

Von der Seite des Lebensmittelrechts oder von den Brauereien selbst gibt es Kontrollen bei der Auswahl des Saatgutes oder hinsichtlich der Zeitabstände, in denen Braugetreide oder Hopfen vor der Ernte nicht mehr mit bestimmten Agrarchemikalien gespritzt werden darf. Auch die Forschungs- und Entwicklungsinstitute der deutschen Brauwirtschaft sind damit beschäftigt, schädliche Rückstände in Braurohstoffen möglichst gering zu halten, indem sie beispielsweise ausgewählte ertragreichere Hopfensorten kultivieren, die auch mit geringeren Mengen an Dünge- und Schädlingsbekämpfungsmitteln

Agrarchemische Rückstände, vor allem bei aus dem Ausland bezogenen Braurohstoffen, können trotz Reinheitsgebot immer noch im Bier enthalten sein!

auskommen (Resistenz-Züchtungen). Es darf aber bezweifelt werden, ob die 2,7 Mio. Tonnen Braugerste und etwa 35 Tonnen Hopfen, die von den deutschen Brauereien jährlich benötigt und zu einem nicht unerheblichen Teil aus dem Ausland bezogen werden, völlig frei von agrarchemischen Rückständen oder Nitrat sind. Die Brauwirtschaft garantiert zwar „eine fast hundertprozentige Rückstandsfreiheit" von Pflanzenschutzmitteln im Hopfen, aber was bedeutet dann das Wörtchen „fast"? Aus derart vagen Formulierungen der brauwirtschaftlichen Marketing-Strategen können umweltbewußte und kritische Bierkonsumenten nur schließen, daß genauere Daten bewußt zurückgehalten werden.

Lagerung und Behandlung der Rohstoffe

Neben den Problemen, die von der landwirtschaftlichen Produktion der Rohstoffe und deren Behandlung mit Dünger und Pestiziden ausgehen, spielen auch die Bedingungen der Lagerung und der Weiterverarbeitung eine wesentliche Rolle für die Qualität dieser Rohstoffe. Besonders problematisch erscheint die Behandlung oder Begasung des Braugetreides (oder des Saatgutes) während der Lagerung mit chemisch-synthetischen Vorratsschutzmitteln, Konservierungsstoffen oder Saatbeizen. Nicht minder umstritten ist der Zusatz von Giberellinsäure bei der Keimung in der Mälzerei. Es handelt sich dabei um einen chemischen Wachstumsbeschleuniger, der die Keimzeit des Korns auf nur vier Tage verkürzt. Nach Angaben der Brauwirtschaft wird dieses Pflanzenhormon bei der Mälzerei nicht mehr eingesetzt.

> **Auch bei der traditionellen Lagerung und Weiterverarbeitung werden chemische Mittel eingesetzt.**

Kritisch erscheint auch die Konservierung des Hopfens durch Zugabe von Schwefel, nicht selten bis über 1 kg je Doppelzentner. Die Extrahierung zu Hopfenextrakten fand früher mit Hilfe von gesundheitsschädlichen Lösungsmitteln wie Methanol, Hexan und Methylenchlorid statt. Das Bundesgesundheitsamt erlaubte zwar eine Höchstmenge von 2,2 % restlicher Lösungsmittel im Hopfenextrakt, nach Ansicht des Katalyse-Instituts war das aber eine viel zu hohe Mengenbegrenzung. Heutzutage werden diese Extrakte in Deutschland ausschließlich durch Ethanol und Kohlendioxid gewonnen. Diese Extrakte sind aus wirtschaftlichen Gründen inzwischen weit verbreitet, ihr Marktanteil liegt bei über 60 %, Pulver und Pellets (Preßtabletten) belegen etwa ein Drittel des Marktes. Die Extrakte entsprechen häufig nicht mehr der Zusammensetzung des Naturhopfens (der nur einen Marktanteil von 5 % hat), weil wertvolle Inhaltsstoffe bei der Extraktion verlorengehen.

Die Weiterverarbeitung in der Brauerei

Die Fortsetzung all dieser durch „moderne" Produktionsweisen bedingten Probleme findet in der Brauerei selbst statt. Sie reichen von künstlichen Beschleunigungsverfahren oder qualitätsmindernden Methoden zur Extraktverbesserung und Ausbeuteerhöhung beim Kochen der Bierwürze über Schnellgär- und Reifeverfahren sowie chemische Klär- und Filtrationshilfsmittel bis hin zur Zugabe von Eiweißstabilisierungsmitteln oder Entkeimungsverfahren. Selbst der Abfüllprozeß wird besonders in Großbrauereien vom Chemieeinsatz begleitet (z. B. Desinfektionsmittel). Viele Chemiegifte sind im Endprodukt Bier allerdings nicht mehr nachweisbar, weil beispielsweise Pestizide bei der Gärung von den Hefezellen zerlegt, während des Brauverfahrens an die Eiweißstoffe gebunden und später herausgefiltert werden.

Auch die herkömmliche Bierproduktion in der Brauerei wird vom Einsatz chemischer Mittel begleitet. Es geht aber auch anders, wie Bio-Brauereien beweisen.

Um einen Eindruck zu bekommen, daß die biologischen Abläufe des Bierbrauens auch ohne chemische Beeinflussung möglich sind, zeigt die Übersicht auf den folgenden Seiten die wichtigsten Verarbeitungsgrundsätze nach den Bioland-Richtlinien (Braurichtlinien von 1994, eine Neufassung wird derzeit vorbereitet) und stellt die für Bioland unzulässigen konventionellen Verfahren beim Anbau und bei der Verarbeitung der Rohstoffe bis hin zur Bierherstellung gegenüber. Dem Leser und Hobbybrauer soll diese Gegenüberstellung von ökologisch orientierter Rohstofferzeugung und Brauphilosophie und den üblichen Methoden der Bierherstellung eine Orientierung bieten, um die wesentlichen Unterschiede erkennen und auch bei der Auswahl der Rohstoffe für sein eigenes Bier die Alternativen beurteilen zu können.

Verarbeitungsgrundsätze nach den Bioland-Anbau- und Braurichtlinien

Bereich	Bioland-Verfahren	für Bioland unzulässige (konventionelle) Verfahren
ROHSTOFFE Braugetreide		
Dünger	– Förderung der natürlichen Bodenfruchtbarkeit durch aktives Bodenleben – wirtschaftseigener Dünger, Leguminosen – vielfältige und ausgewogene Fruchtfolge – sorgfältige und angepaßte Bodenbearbeitung – Gründüngung – ständige Bodenabdeckung	– Gülle, Jauche, Geflügelmist aus konventioneller Tierhaltung – chemisch-synthetische Stickstoffdüngemittel – leicht lösliche Phosphate – Klärschlamm, Müllkompost
Pflanzenschutz	– gezielte Verschlechterung der Lebensbedingungen von Schadorganismen und Unkräutern, z. B. durch Fruchtfolge, mechanisches Eggen, Striegeln und Hacken, Auswahl widerstandsfähiger Sorten, standortgerechte Pflanzenwahl – Einsatz von Pflanzenextrakten, Förderung von Nützlingen	– chemisch-synthetische Pflanzenschutzmittel – Wachstumsregulatoren – gentechnisch manipulierte Mittel
Lagerung	– getrennte Lagerung von konventionellen Rohstoffen – Keimfähigkeit mind. 98 % – Keimenergie über 95 %	– chemisch-synthetische Lager- und Vorratsschutzmittel (Begasung mit Blausäure, Phosphin, synthet. Pyrethrum, Insektizide, Fungizide) – chemische Reinigungsmittel – chemische Nachreifmittel – Keimhemmungsmittel – Saatgutkonservierer (Saatbeizen) – Behandlung leerer Lagerräume mit chemisch-synthetischen Präparaten

Bereich	Bioland-Verfahren	für Bioland unzulässige (konventionelle) Verfahren
Verwendung für Brauzwecke	– nur aus kontrolliertem Bioland-Vertragsanbau	
Hopfen Dünger	– Nährstoffversorgung überwiegend aus betriebseigenem Dünger – Gesamtmenge max. 70 kg Stickstoff/ha/Jahr	(sinngemäß wie Braugetreide)
Pflanzenschutz	– umweltschonende Präparate (Gesteins- und Algenmehl, Netzschwefel, Wasserglas, Brennessel- und Schachtelhalmbrühe, Brennspiritus, Molkepulver, Bitterholz, Raubmilben als Nützlingseinsatz, natürliche Pyrethroide) – Kupferpräparate max. 3 kg/ha/Jahr	– chemisch-synthetische Pflanzenschutzmittel
Sonstiges	– Abstände von konventionellen Anlagen (Verhinderung des Eintrags von Pflanzenschutzmitteln) – Stützen/Kletterhilfen aus heimischen Hölzern, Imprägnierung nur mit umweltverträglichen Mitteln	
Lagerung	– getrennte Lagerung von konventionellen Rohstoffen (wie Braugetreide)	– Konservierung mit Schwefel
Verwendung für Brauzwecke	– möglichst Verwendung von unaufbereitetem Aroma-Doldenhopfen, evtl. auch Hopfenpellets	– Hopfenextrakte – Extrahierung mit Lösungsmitteln
Brauwasser	– vor Verunreinigungen geschützte Wasservorkommen – Nitratgehalt unter 25 mg/l	– Uferfiltrate – jede chemische Aufbereitung zur Entsalzung oder Entkei-

Bereich	Bioland-Verfahren	für Bioland unzulässige (konventionelle) Verfahren
	– möglichst keine weitere Aufbereitung – evtl. Enthärtung mit Kalkmilch (CaO), Umkehrosmose zur Nitratverringerung – evtl. Eisen– und Manganentfernung durch Belüftung	mung (Ionenaustauscher, anodische Oxidation, Aktivkohlefiltrierung, Enteisung, Silberung, UV-Bestrahlung, Ozon, Chlorierung z. B. mit Hypochlorid, Chlordioxid)
Hefe	– nur lebende Frischhefe ohne Zusätze – brauereieigene Vermehrung, ausschließlich auf Würze, möglichst eigene Hefereinzucht	– Trockenhefe oder andere Kulturen – genmanipulierte Hefe
BRAUEREI **Malz** Keimung	– Verarbeitung und Lagerung getrennt von konventionellen Rohstoffen – Einweichwasser in Brauwasserqualität	– Schwefelung – Extraktverbesserer (Glukose)
Würze- **kochen**	– biologische Säuerung, Verbesserung mit überwiegend rechtsdrehenden Milchsäurebakterien	– künstliche Beschleunigungsverfahren (Kieselsäurepräparate) – Wiederverwendung von Hopfentrebern – Zugabe von Rückbieren
Gärung	– traditionelle Gärverfahren (getrennte Haupt- und Nachgärung), hefebedingte Wärme-Hauptgärung nur bei obergärigen Bieren	– Schnellgärverfahren für untergäriges Bier (Wärmegärung über 12 °C, Druckgärung, Rührgärung, Nathanverfahren)
Entalkoholisierung/ **Rückaromatisierung**	– Vergärung mit Hefestämmen, die von Natur aus weniger Alkohol bilden	– Verfahren zur künstlichen Verminderung des natürlichen Alkoholgehaltes – Manipulation durch Absorberharze, Umkehrosmose, Dialyse,

Bereich	Bioland-Verfahren	für Bioland unzulässige (konventionelle) Verfahren
		Pervaporation, Kälteschock- und Kältekontaktverfahren, Vakuumdestillation, gentechnisch manipulierte Hefen) – Glattwasser, Bieraromaauszüge
Klärung	– durch Lagerung/Reifung	– Klärhilfsmittel (Holzspäne, pechimprägnierte „Bio-Späne", Aluminiumfolien)
Reifung	– Ausreifzeit ca. 6 Wochen, Ziel: Vollausreifung durch mehrmonatige Lagerung bei ca. 0 °C	– alle Schnellreifeverfahren (Warmlagerung) – FCKW als Kühlmittel
Filtrierung/Schönung	– sterilisierte Baumwollfilter oder Kieselgur	– Korrektur geschmacklicher oder optischer Mängel durch Kohlensäurewäsche, Aktivkohlefilter, Färbebier – Asbestzusätze im Filter
Haltbarmachung	– hochwertige Malze und lange Lagerdauer bei niedrigen Temperaturen als Grundlage für eiweißstabile Biere – Filtrierung ausgereifter Biere durch Kieselgur-/Baumwollfilter	– Verringerung des Eiweißgehaltes, Eiweißstabilisierungsmittel (Polyvinylpolypyrrolidon, Kieselsäurepräparate, Bentonite) – Entkeimungsfiltration – Heißabfüllung – Vollpasteurisation
Abfüllen Abfüllanlage Flaschenreinigung	– Hochdruckreinigung mit heißem Wasser – Natronlaugereinigung bei 60–80 °C, danach Frischwasserreinigung, Endkontrolle mit Detektoren sowie Sichtkontrollen	– Reinigung mit Desinfektionsmitteln – Sulfidentkeimung
Flaschenabfüllung		– Füllhöhenkontrolle mit radioaktiver Bestrahlung

Bereich	Bioland-Verfahren	für Bioland unzulässige (konventionelle) Verfahren
Kronkorken	– PVC-freie Dichtungsmasse	– PVC – Formaldehydbehandlung zur Konservierung
Ver-packung	– Mehrwegflaschen – Mehrwegfässer	– Einwegflaschen, Dosen, Party-dosen – Stanniolierung der Flaschen – schwermetallhaltige Flaschen-etiketten

Die ökologisch geprägte Brauphilosophie

Den meisten Lesern sind die über 20 deutschen Bio-Brauereien oder die dort hergestellten Öko-Biere kaum bekannt. Angesichts wachsender Umweltprobleme und steigender gesellschaftlicher Anforderungen im Umwelt- und Verbraucherschutz ist die Spezialisierung dieser Brauereien besonders zu begrüßen. Dabei handelt es sich um mittelständische Brauereien, die im Wettbewerb mit den großen Bierkonzernen bestehen und sich profilieren wollen. Die Konkurrenzvorteile der Bierkonzerne sind besonders in den Möglichkeiten begründet, Rohstoffe zu preiswerteren Konditionen einkaufen, durch Rationalisierung und größeren Ausstoß preiswerter produzieren und in kürzerer Zeit größere Mengen umschlagen zu können. Ein Wettbewerbsvorteil wird auch durch intensive Marketing- und Werbemaßnahmen der großen Brauereien erzielt.

Der Konzentrationsprozeß bei den Brauereien führte zu steigenden Betriebsgrößen mit deutlich höherem Bierausstoß, wobei die Unternehmenskonzentrationen oft zu einer Vereinheitlichung des Bierangebotes beigetragen haben. Der geschmackliche Einheitscharakter der meisten Industriebiere aus den Großbrauereien ist ja schließlich bekannt. Für die kleineren und mittelständischen Brauereien ist ein Ausweg aus dieser Situation die Sicherung regionaler Absatzmärkte und die verstärkte Spezialisierung, sei es durch die Betonung auf regionale oder traditionelle Biersorten, oder durch ein Trading up, unter dem die qualitative Anhebung des Leistungssortiments eines Betriebes, z. B. durch ein höheres Qualitäts- und Preisniveau und eine anspruchsvollere Ausstattung, zu verstehen ist.

In diesem Zusammenhang ist der Ansatz der Bio-Brauereien, denen das Reinheitsgebot in bezug auf die Rohstoffqualität und das Brauverfahren nicht weitreichend genug erschien, aus der Sicht des Verbraucherschutzes sehr erfreulich und für die Brauereien offensichtlich auch überaus erfolgversprechend. Sie sind einen Schritt weiter gegangen; für sie fängt das Reinheitsgebot auf dem Acker an. Sie greifen konsequent auf kontrolliert ökologisch angebaute Rohstoffe zurück und sichern mit jedem Kasten Ökobier etwa 100 Quadratmeter Anbaufläche für den ökologischen Landbau. Sie verfolgen auch ökologisch orientierte Brauweisen und Herstellungsrichtlinien, meiden Hilfs- und Konservierungsstoffe und fügen den über das Reinheitsgebot hinausgehenden herkömmlichen Qualitätsbegriffen für Bier, nämlich Geschmack, Frische, Aussehen

Reinheit schon auf dem Acker! Bio-Brauereien verwenden ökologisch angebaute Braurohstoffe, brauen unter ökologischen Richtlinien und tragen so zum Verbraucher- wie auch zum Umweltschutz bei.

und Bekömmlichkeit, zwei besonders heutzutage immer wichtiger werdende Dimensionen hinzu: den Verbraucherschutz und den im Sinne des Vorsorgeprinzips verstandenen Umweltschutz.

Alle Bio-Brauereien (siehe die nachfolgende Übersicht) verwenden Rohstoffe, die der Verordnung „Ökologischer Landbau" von 1991 (EWG-Nr. 2092/91) entsprechen. Die 13 Bioland-Vertragsbrauereien sind zudem durch Verträge in das Brauverfahren nach den Bioland-Richtlinien von 1994 eingebunden. Der Naturland-Verband für naturgemäßen Landbau (derzeit zwei Lizenz-Brauereien) bereitet ebenfalls eigene Brauereirichtlinien vor.

Bio-Brauereien im Überblick

Bioland-Vertragsbrauereien

26203 Wardenburg	Spezialitätenbrauerei Stuhr Die Schankstelle, Herr Thomas Lange Patenbergsweg 4 a Tel. 0 44 07/60 66, 22 77
30159 Hannover	Brauhaus Ernst August GmbH, Herr Bützler Schmiedestr. 13 Tel. 05 11/30 60 30
48143 Münster	Brauerei Pinkus Müller GmbH & Co. KG, Herr Hans Müller Kreuzstr. 4–10 Tel. 0 21 51/4 51 51, 4 51 52
52428 Jülich	Herzogen Brauhaus & Destille GmbH, Herr Franz Schmitz Schützenstr. 22 Tel. 0 24 61/70 88, 70 89
72511 Bingen/Hohenzollern	Lammbräu Bingen, Herr Rolf Goetz Hauptstr. 12 Tel. 0 75 71/1 30 98
86152 Augsburg	Thorbräu Augsburg, Herr Kuhnle Wertachbrucker-Tor-Str. 9 Tel. 08 21/3 65 61
86866 Mickhausen	Schloßbrauerei Mickhausen, Herr Prinzing Hauptstr. 32–34 Tel. 0 82 04/10 13
89423 Gundelfingen/Donau	Kronenbrauerei Wahl KG, Herr Rudolf Wahl Prof.-Bamann-Str. 20 Tel. 0 90 73/73 58
91330 Eggolsheim/ Weigelshofen	Brauerei Gasthof Pfister GmbH, Herr Stefan Pfister Eggerbachstr. 22 Tel. 0 95 45/2 97, 43 70
92318 Neumarkt/Obpf.	Neumarkter Lammsbräu, Herr Dr. Franz Ehrnsperger Amberger Str. 1 Tel. 0 91 81/40 40
93339 Riedenburg	Riedenburger Brauhaus KG, Herr Michael Krieger Hammerweg 5 Tel. 0 94 42/6 44

| 95145 Oberkotzau | Schloßbrauerei Fattigau, Herr Christian Stelzer
Fattigau 23
Tel. 0 92 86/62 60 |
| 96465 Neustadt/Coburg | Geussen Bräu, Edmund Knorr GmbH & Co. KG
Ketschenbacher Str. 25
Tel. 0 95 68/21 81 |

Naturland-Lizenzbrauereien

| 72505 Krauchenwies | Gögginger Adlerbrauerei
Postfach 1161
Tel. 0 75 76/97 80 |
| 89423 Gundelfingen | Spezialbrauerei Bucher GmbH
Untere Vorstadt 15–19
Tel. 0 90 73/9 59 80 |

Andere Bio-Brauereien

84056 Rottenburg	Biohof Schneider-Bräu Kehlheimer Str. 5 Tel. 0 87 81/22 48
87764 Legau	Rapunzel Naturkost AG, Joseph Wilhelm (Rapunzel-Bier) Haldergasse 9 Tel. 0 83 30/91 00 (Hersteller: Bräustatt-Taverne Simmerberg, Ellhofer Str. 2, 88171 Weiler-Simmerberg, Tel. 0 83 87/38 06, 9 21 30)
94113 Tiefenbach	Schloßbrauerei Haselbach Hofmarkstr. 7 Tel. 0 85 09/13 31
97647 Roth/Rhön	Rother Bräu Birkenweg 2 Tel. 0 97 79/8 10 10

DIE GERSTE

Im Prinzip kann man aus jedem Getreide Bier brauen. Für einige Biersorten findet auch der Weizen Verwendung, für Spezialbiere auch noch andere Getreidesorten. Aber Gerste (*Hordeum vulgare*) ist zum Mälzen und Brauen die am besten geeignete und heute wichtigste Getreideart für unser Bier. Gerste wird heute fast ausschließlich als Braugerste oder als Viehfutter angebaut. Die Anbaufläche beträgt in Deutschland fast ein Viertel des gesamten Ackerlandes. Zum Brotbacken ist die Gerste weniger geeignet, obwohl sie früher in Form von Brei oder Fladen große Bedeutung für die Ernährung hatte.

Die beste Braugerste ist die lockerährige zweizeilige, nickende Sommergerste. Die Sortennamen lauten z. B. Alexis, Bido, Carina, Oriol, Union, Villa, Wisa. Sie ist gegenüber anderen Gerstenarten zwar weniger ertragreich, dafür ist sie aber mit 9 bis 11,5 % etwas eiweißärmer als z. B. Futtergerste (14 %) und damit auch stärkereicher (60–65 % Stärkegehalt). Ein niedriger Eiweißgehalt ist erwünscht, weil eiweißreichere Gerste sich schlechter verarbeiten läßt, den Stärkegehalt verringert und Trübungen im Bier verursachen kann. Ein hoher Stärkegehalt führt andererseits zu einer besseren Maltoseausbeute beim Mälzungs- und Maischprozeß (Malzausbeute 75–85 %).

> Gerste, vor allem Sommergerste, ist die wichtigste Getreideart für den Biergewinnungsprozeß; ihre Qualität ist von vielen Faktoren abhängig.

Gehalt und Qualität der Braugerste kann je nach Klima, Standort, Bodentyp, Wetterlage, Vegetationszeit zwischen Aussaat und Erntetermin und insbesondere der Düngung sehr verschiedene Merkmale haben und die Keimfähigkeit, die Keimenergie, das Quellvermögen, den Wasser- und Eiweißgehalt bestimmen.

DAS MALZ

Beim Brauprozeß sollen die Inhaltsstoffe des Gerstenkorns, als da sind Kohlenhydrate (insbesondere Stärke), Proteine (Eiweiße), Fette und Vitamine, in der Weise verändert und verflüssigt werden, daß daraus mit Hilfe der Hefe Alkohol und Kohlensäure entsteht. Zur alkoholischen Gärung benötigt man Zucker. Die Gerste enthält aber keinen vergärbaren Zucker, sondern überwiegend Kohlenhydrate in Form von Stärke, die erst durch das Mälzen in Zucker umgewandelt wird. Das Mälzen macht das Korn wasserlöslich und setzt die für die Verzuckerung notwendigen Enzyme frei.

Bei der Malzbereitung (siehe Schema Seite 32) soll der natürliche Wachstumsvorgang des Gerstenkorns, nämlich die Verwandlung von Stärke und Eiweiß des Korns in lösliche Formen, künstlich beschleunigt werden. Dazu wird die Braugerste zunächst gereinigt und sortiert und dann durch das Einweichen in Wasser (Quellen) zum Keimen gebracht. Während des Keimprozesses vergrößern sich die Körner bei einer Feuchte von ca. 43 % um etwa ein Drittel, bilden Triebe und kleine Wurzelansätze. Das dauert vier bis zehn Tage bei einer Temperatur von 10 bis 13 °C, einer relativen Luftfeuchte von 95 % und reichlich Sauerstoffzufuhr. Dabei werden die Körner häufig bewegt und gewendet. Beim Keimen bilden sich verschiedene Enzymgruppen in den Körnern – sie heißen Amylasen, Proteinasen, Cytasen und Phosphatasen, die innerhalb ganz bestimmter Temperaturbereiche den Abbau der Inhaltsstoffe vollziehen und z. B. für die Umwandlung der Stärke in Maltosezucker und von Eiweiß in Aminosäuren und organische Phosphate verantwortlich sind. Dieser Abbau ist jedoch

Der der Gerste fehlende vergärbare Zucker, der für die alkoholische Gärung vonnöten ist, wird durch den Vorgang des Mälzens gewonnen. Dabei bilden sich in einer beschleunigten Keimungsphase Enzyme, die für die Bildung von Maltosezucker verantwortlich sind.

nicht vollständig. Je nach gewünschter Malzsorte kann dieser Umwandlungsprozeß unterschiedliche Stadien haben, man spricht von mehr oder weniger gelösten Malzen.

Das so entstandene Grünmalz wird auf die Darre gebracht, mit langsam steigenden, genau kontrollierten Temperaturen getrocknet und später teilweise auch geröstet. Durch das Darren wird die Keimung gestoppt, ohne daß dabei die Enzyme zerstört werden, und es entsteht das typische Karamelaroma im Braumalz. Nach dem Darren wird das Malz von den jetzt vertrockneten Keimen und Wurzeln befreit. Je nach Dauer des Darrprozesses und Höhe der Darrtemperatur wird auch die Farbe des Darrmalzes beeinflußt. Für helle Biere beträgt sie etwa 45 bis 80 °C, für dunkle Biere bis zu 110 °C. Das für die Herstellung von Weizenbier verwendete Weizenmalz gehört zu den hellsten Malzsorten. Aus diesem Grunde heißt das Weizenbier in Bayern auch Weißbier. Das Darrmalz hat nun bereits einen süßlichen Geschmack wie Malzbonbons, weil ein Teil der Stärke schon in Zucker umgewandelt wurde. Braufertig ist das Malz nach einer Lagerzeit von mindestens sechs Wochen.

Tip für den Hobbybrauer

Der Hobbybrauer wird sich sein Gerstenmalz kaum selbst herstellen sondern im Fachhandel besorgen (siehe Anhang/Bezugsquellen, Seite 137). Empfohlen sei hier besonders das Getreide bzw. Braumalz aus kontrolliert ökologischem Landbau. Neben dem üblichen hellen Malz ist manchmal auch dunkles Malz erhältlich. Es ist allerdings erheblich teurer. Daneben gibt es Farb- und Karamelmalze, die als Zusatz für besondere Biersorten Verwendung finden, sowie Malze aus Weizen und Roggen. Das Malz kühl und luftdicht verpackt lagern. In einem geschlossenen Plastikgefäß hält es sich bis zu einem halben Jahr frisch. Das Malz sollte möglichst immer frisch am Brautag geschrotet werden, weil es auf Feuchtigkeit und Sauerstoff sehr empfindlich reagiert. Wer bereits fertig geschrotetes Malz kauft, sollte es bald verarbeiten.

Wer mit einer Mischung aus Korn und Malzextrakt (erhältlich als Sirup oder Trockenpulver) braut, sollte ein Diastase-Malzextrakt verwenden, damit die zusätzliche Stärke in Zucker umgewandelt werden kann. Malzsirup wird auch in Dosen angeboten und ist ungeöffnet lange haltbar. Von einigen Hobbyzubehör-Lieferanten werden inzwischen sogenannte Bierkits angeboten. Das sind fertig gehopfte Malzextrakte, die nur mit Wasser und Hefe vermischt und direkt vergoren werden, das Maischen und Würzekochen entfällt. Es ist zwar möglich, ein Bier ausschließlich aus Extrakten – ähnlich wie einen Schnellkaffee – herzustellen, aber diese Extrakte sind um ein Vielfaches teurer. Außerdem erreicht dieses „Instantbier" niemals die geschmacklichen Qualitäten des Kornmalzes, des echten „Gerstensaftes".

Schematische Darstellung der Malzbereitung

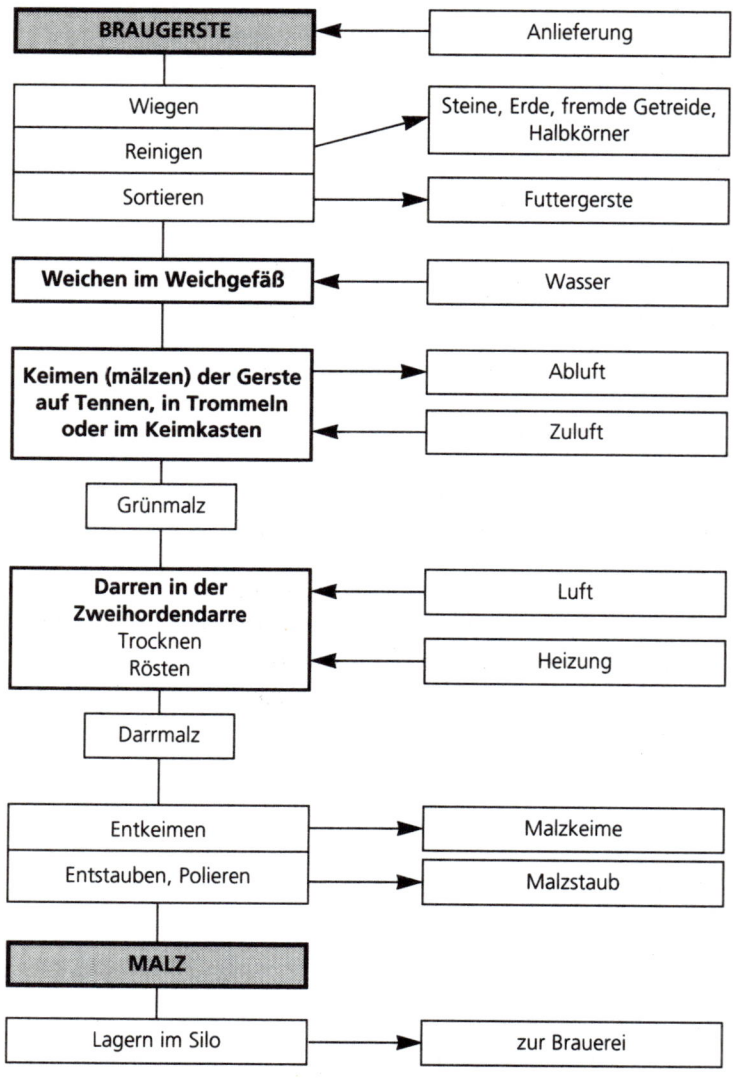

ZUCKERCOULEUR

Für dunkle Biere wird dunkles Braumalz benötigt. Dieses Malz ist manchmal nicht so einfach zu bekommen. Um dennoch ein dunkles Bier herstellen zu können, wird das übliche helle Braumalz eingesetzt und mit Zuckercouleur gefärbt. Das entspricht zwar nicht dem strengen Reinheitsgebot, doch erscheint der Zusatz von Zucker vertretbar, da der Hobbybrauer keinerlei andere Hilfsmittel oder Zusatzstoffe einsetzen wird. Neben der Färbung bewirkt Zuckercouleur auch eine karamelartige Geschmacksveränderung des Bieres und erhöht den Anteil des vergärbaren Extraktes. Außerdem wird dadurch der Stickstoffgehalt der Würze verdünnt.

Tip für den Hobbybrauer

Zuckercouleur wird auch zum Färben von Bratensoßen verwendet. Man erhält es im Lebensmittelgeschäft oder stellt es einfach selbst her. Dazu wird in einer Pfanne Zucker unter ständigem Rühren erhitzt, bis er eine sirupartige Konsistenz hat und schön braun ist. Der Zucker darf nicht anbrennen. Danach verrührt man pro 100 Gramm Zucker 0,1 Liter Wasser so lange in der Pfanne, bis der Zucker gelöst ist. Die Zugabe von Zuckercouleur erfolgt kurz vor dem Abschluß des Kochens der Bierwürze.

DER HOPFEN

Der Hopfen *(Humulus lupulus)* ist mit dem Maulbeerbaum eng verwandt, der von den Chinesen als „Brotbaum" für ihre Seidenraupen genutzt wurde. Hopfen hat eine ausdauernde Wurzel, aber die kletternden, sechs bis acht Meter langen, rechts-

windenden Ranken sterben alljährlich ab und wachsen im Frühjahr wieder neu heran. Nur die weiblichen Pflanzen bescheren
uns die traubenförmig gebauten Blütenstände mit ihren an der
Innenseite rötlichgelb gefärbten Drüsen, die die Hopfenbitterstoffe (*Lupulin*) enthalten.

Diese unbefruchteten weiblichen Blüten werden als Hopfen-
mehl ausgedroschen. Die in den Dolden enthaltenen Hopfenbitterstoffe (13–23 %) bestehen aus der Alphasäure (*Humulon*),
der Betasäure (*Lupulon*) und Harzen. Als weitere Bestandteile
enthalten diese Fruchtzapfen ätherische Öle, Gerbstoffe (*Tannin*), das beruhigungsfördernde Alkaloid *Hopein* sowie die Hor-
mone *Daidzein* und *Genistein*.

Der Hopfen enthält Wohltaten, die uns in dieser Weise kaum
eine andere Pflanze zu bieten hat. Wir können daraus einen
Schlaftee bereiten oder einen starken Auszug, den wir mit Honig
süßen und mit Alkohol als einen vorzüglichen
Magenbitter konservieren. Hopfen ist ein Uni-

**Dem Hopfen
verdankt das Bier
seinen würzigen,
bitteren Ge-
schmack, seine
Haltbarkeit und
die Festigkeit
seiner Schaum-
krone.**

versalheilmittel. Er wirkt nervenberuhigend, ap-
petitanregend und hat reinigende Wirkung für
Leber, Galle, Nieren, Milz und Blut. Aber das ist
ein anderes Thema. Hopfen ist vor allem ein
wichtiger Bestandteil für unser Bier und wird zu
diesem Zweck seit Jahrhunderten angebaut.
Soviel man weiß, haben die Wenden ihn mit-
gebracht oder hier kultiviert. Diese Wenden
sind eine slawische Volksgruppe, die seit dem
7. und 8. Jahrhundert nach Westen zog und
bei uns siedelte. Das wunderschöne Wendland mit seinen einzig-
artigen Rundlingsdörfern im niedersächsischen Lüchow-Dannen-
berg wurde übrigens nach dieser Volksgruppe benannt.

Der Hopfen verleiht dem Bier sowohl die herbwürzige Bitterkeit als auch die Haltbarkeit durch seine antibiotischen Bestandteile, die das Wachstum bestimmter Bakterien hemmen,

weshalb Lupulin auch in der Medizin Anwendung findet. Außerdem trägt der Hopfen zur Festigkeit der Schaumkrone bei und seine Gerbstoffe sorgen für eine bessere Klärung und Konservierung des Bieres, weil sie besonders gut das Eiweiß aus der Bierwürze ausfällen. Die Engländer haben am längsten gezögert, sich diese Vorteile zunutze zu machen. Noch Heinrich VIII. verbot im 16. Jahrhundert die Verwendung von Hopfen, nachdem das Parlament zu dem Schluß gekommen war, der Hopfen sei „ein abscheuliches Kraut, das den Geschmack des Bieres verdirbt und die Gesundheit gefährdet". Für das englische Ale nahm man alle möglichen anderen aromatischen Kräuter wie Majoran, Fieberklee, Wermut, Salbei und Schafgarbe.

Im Mittelalter waren Mecklenburg, die Altmark und auch das bereits erwähnte Wendland im östlichen Niedersachsen bedeutende Hopfenanbaugebiete in Deutschland. Heute befinden sich die größten Hopfengebiete in klimatisch begünstigten Regionen. Bekannt ist die Hallertau bei Ingolstadt, mit 19.000 ha Fläche das größte Hopfenanbaugebiet der Welt. Weitere Anbaugebiete sind Spalt, Hersbruck, Kinding (Bayern), Tettnang, Rottenburg und Schwetzingen-Sandhausen (Baden-Württemberg). Nach der Ernte der Blüten im August und September wird der Hopfen getrocknet und meist zu Preßtabletten (Pellets) oder Extrakt verarbeitet. Je nach Eigenschaft der einzelnen Sorten unterscheidet man Aromahopfen und Bitterhopfen. Bioland-Vertragsbrauereien verwenden möglichst die unaufbereiteten Aroma-Doldenhopfen, zum Teil aber auch Hopfenpellets. Auch beim Hopfen sei dem Hobbybrauer ein Rohstoff aus kontrolliert ökologischem Landbau empfohlen (siehe Anhang/Bezugsquellen, Seite 137).

Die Hallertau bei Ingolstadt ist mit ihren 19.000 ha das größte Hopfenanbaugebiet der Welt. Die hier geernteten Blüten werden, wie auch sonst überall üblich, getrocknet und anschließend gepreßt oder zu Extrakt verarbeitet.

Tip für den Hobbybrauer

Hopfenpellets werden üblicherweise als 90er oder in konzentrierter Form als 45er Pellets angeboten. Wer frischen Doldenhopfen verwendet, muß gegenüber den 90er Pellets etwa 10 % mehr einsetzen, um die gleiche Ausbeute zu erreichen. Der Hopfenvorrat sollte zu Hause kühl (bei 0 °C), dunkel, trocken und unter Luftabschluß gelagert werden, damit die Bitterstoffe nicht oxidieren. Zur Kontrolle: Verdorbener Hopfen riecht nach Schweißfüßen.

Frische Hopfenblüten kann man auch am wild wachsenden Hopfen ernten oder den Hopfen im eigenen Garten anbauen. Für den Anbau benötigt man einige etwa 30 cm lange Wuzelabschnitte, die im Abstand von 60 bis 90 cm an einer windgeschützten Stelle mit viel Mist oder Kompost ausgepflanzt werden. Hopfen benötigt ein hohes Klettergerüst. Die männlichen Pflanzen sind unbrauchbar und werden stets vernichtet. Die weiblichen Pflanzen werden im Frühjahr bis auf zwei bis fünf Triebe zurückgeschnitten.

Der Hopfen trägt erst im zweiten oder dritten Jahr. Die Blüten werden im August oder September geerntet, spätestens wenn sie hellgrün, voll erblüht und mit gelbem Staub angefüllt sind. Dazu werden die Pflanzen über dem Erdboden abgeschnitten. Sie treiben im nächsten Frühjahr erneut aus. Der Hopfen wird im Backofen langsam aber vollständig getrocknet und wie bereits erwähnt gelagert oder tiefgefroren.

DIE HEFE

Für die Bierbrauerei ist die Wirksamkeit der Hefe erst seit Anfang des 17. Jahrhunderts bekannt. Vorher war es mehr oder weniger ein Zufall, wenn die Bierwürze zu gären begann. Den Bäckern gelang die Vergärung der Würze meist noch am besten, weil die winzigen kleinen Hefezellen in jeder Backstube reichhaltig vorhanden waren und über die Luft auf das Bier übertragen wurden. Aber die frühen Bierbrauer wußten damals noch nicht, daß ihr Bier beim Abkühlen die in der Luft schwebenden Hefen an sich zog.

Wegen ihres Eiweiß- und Vitamingehaltes findet Hefe heute als Nähr- und Heilmittel breite Verwendung. Besonders bekannt ist sie als Treibmittel beim Backen. Bei der Hefe handelt es sich um mikroskopisch kleine einzellige Organismen aus der Gruppe der Sproßpilze, die überall in der Luft vorkommen. Durch deren Lebenstätigkeit wird bei der Gärung des Bieres Malzzucker verarbeitet und als Stoffwechselprodukt in gleiche Teile Alkohol und Kohlensäure umgewandelt. Bei ausreichendem Zuckergehalt vermehrt sich die Hefe durch Zellteilung so lange, bis ein Teil der Zellen bei einem Alkoholgehalt von über 6,5 % abstirbt. Daneben bildet die Hefe noch weitere Stoffwechsel- oder Gärnebenprodukte, die den Geschmack und das Aroma des Bieres mitbestimmen. Für die Bierherstellung wurden seit dem letzten Jahrhundert spezielle, für den jeweiligen Biertyp ausgewählte Hefestämme entwickelt (sogenannte Reinzuchthefen), die frei von Begleitorganismen gezüchtet werden.

Je nach Art des zu brauenden Bieres wird die ober- oder untergärige Heferasse verwendet. Obergärige Hefen *(Saccharomyces cerevisiae)* setzen sich während der Gärung an der Oberfläche des Jungbieres ab. Sie bilden eine dicke Schaumkrone (Kräusen), die das Bier während der Gärung schützt. Sie arbeiten bei einer Temperatur von 15 bis 21 °C und erlauben eine etwas kürzere Gärphase.

Untergärige Bierhefe *(Saccharomyces carlsbergensis)* arbeitet bei Temperaturen von 4 bis 10 °C und setzt sich während der Gärung am Boden ab. Sie vergärt wegen der niedrigeren Temperatur langsamer und bildet eine dünnere Schaumkrone. Untergäriges Bier kann wegen der niedrigeren Gär- und Lagertemperaturen mehr Kohlensäure bilden. Es schmeckt deshalb etwas frischer und ist länger haltbar als obergäriges Bier.

Tip für den Hobbybrauer

Bierhefe erhält man in verschiedenen Handelsformen. Preßhefe muß im Kühlschrank gelagert werden und ist etwa zwei bis drei Wochen haltbar. Länger lagerfähig ist Trockenhefe; bis zu einem Jahr. In der Brauerei kann man sich auch eine dickflüssige Frischhefe besorgen, die unbedingt in einem sterilisierten Glas mit Schraubverschluß transportiert, im Kühlschrank gelagert und innerhalb von 14 Tagen verbraucht werden sollte. Bei der Aufbewahrung im Kühlschrank den Schraubverschluß lösen, damit die entstehende Kohlensäure entweichen kann.

Es ist übrigens nicht notwendig, für jeden Brautermin neue Hefe zu beschaffen. Die Hefezellen lassen sich leicht vermehren. Allerdings ist eine Vermehrung nur zwei- bis dreimal ratsam, weil es sonst zu Mutationen kommen kann, die das Bier geschmacklich negativ beeinflussen. Zur Vermehrung bereitet man einen halben Liter einer 10- bis 12%igen Zuckerlösung (55–56 g Zucker in $1/2$ l Wasser lösen) zu, der zwei bis drei Schnapsgläschen Bier zugegeben werden. Dieser Sud wird aufgekocht und soll danach abkühlen. Bei einer Temperatur von 7 bis 10 °C wird die untergärige Hefe eingerührt, bei obergäriger Hefe liegt die beste Temperatur zwischen 17 und 20 °C. Als Menge reichen 5 g Preßhefe oder zwei Eßlöffel Frischhefe aus. Die untergärige Hefe vermehrt sich in zwei bis vier Tagen, die obergärige in drei bis vier Tagen bei den angegebenen Temperaturen. Der Ansatz sollte gelegentlich umgerührt werden, denn die Sauerstoffzufuhr begünstigt die Vermehrung der Hefezellen. Entscheidend für das Gelingen der Hefevermehrung sind absolut saubere Gefäße und Geräte, die – am besten im Backofen bei 150 °C – sterilisiert werden müssen. Außerdem sollten die Gefäße nur halb gefüllt werden, weil die Hefe zur Schaumbildung neigt.

DAS BRAUWASSER

Die zum Bierbrauen notwendige Wassermenge heißt Guß. Für zehn Liter fertiges Bier wird fast die doppelte Menge an Brauwasser benötigt.

Selbstverständlich muß Brauwasser ebenso wie unser Trinkwasser hygienisch völlig in Ordnung sein. Es soll klar, farblos und geruchlos sowie geschmacklich einwandfrei sein. Brauwasser soll darüber hinaus nicht hart und frei von bierschädigenden Bestandteilen und Organismen sein. Die Brauereien verfügen in der Regel entweder über eigenes Brunnenwasser, das diese Anforderungen erfüllt, oder sie bereiten das Wasser in speziellen Anlagen auf, weil besonders das Brauwasser bei der Bierbereitung traditionell eine entscheidende Rolle spielt.

Die Wasserqualität

Der Hobbybrauer ist zu Hause auf das normale Trinkwasser angewiesen. Um die Eignung des Wassers für das Bierbrauen zu überprüfen, sollte man sich beim Wasserwerk oder bei der Stadtverwaltung die wichtigsten Wasseranalysewerte besorgen. In manchen Gegenden werden diese Werte jährlich in der Tageszeitung veröffentlicht. Ein Vergleich des eigenen Wassers mit der folgenden Übersicht wird zeigen, ob das Wasser zum Bierbrauen geeignet ist.

BEI NICHTEIGNUNG DES TRINKWASSERS ZUM BRAUEN

Sollte das örtliche Trinkwasser aufgrund der ermittelten Wasseranalysewerte nicht zum Brauen geeignet sein, empfiehlt sich eines der ab Seite 45 skizzierten Wasserenthärtungsverfahren oder der Kauf von entsprechend gutem Brunnenwasser.

Grenzwerte für Brauwasser

Brauwasser sollte folgende Werte einhalten		Grenzwerte für Trinkwasser nach der Trinkwasserverordnung vom 5.12.1990
Wasserhärte:		
– Gesamthärte	< 10° dH	–
– Carbonathärte	< ¹/₃ der Nichtcarbonathärte	–
pH-Wert	ca. 7,0	6,5–9,5
Eisen (Fe)	< 0,3 mg/l	0,2 mg/l Fe
Nitrat (NO_3)	< 25 mg/l	50 mg/l NO_3

Abkürzungen: dH = deutsche Härtegrade, mg/l = Milligramm pro Liter, < = kleiner als

Tip für den Hobbybrauer

Einige Parameter des Trinkwassers können mit Teststreifen oder Reagenzien direkt nachgemessen werden (Gesamthärte, Carbonathärte, pH-Wert, Nitratgehalt). Die Teststreifen sind in Apotheken oder Aquarienfachhandlungen erhältlich.

Wasserhärte

Die Wasserhärte dürfte für den Hobbybrauer das häufigste Problem sein. Da es nützlich ist, nicht nur für das Bierbrauen etwas mehr vom Thema Wasserhärte und den damit eng zusammenhängenden Säureverhältnissen zu wissen, soll auf dieses Problem kurz eingegangen werden.

Die Härte des Wassers wird im wesentlichen durch dessen Herkunft bestimmt. Oberflächengewässer, deren Ursprung im Regenwasser liegt, sind im allgemeinen weicher als Wasser aus tiefen Brunnen oder Gebirgsquellen, die ständigen Kontakt mit unterirdischem Gestein oder Erdschichten haben, die das Wasser mit Carbonaten anreichern. Jedes Wasser, soweit es nicht chemisch rein und destilliert ist, enthält diese Salze. Die Härte des Wassers ist bedingt durch seinen Gehalt an Salzen, hauptsächlich des Calciums (Ca) und des Magnesiums (Mg). Die Summe der Ca- und Mg-Verbindungen ergibt die Gesamthärte des Wassers, ausgedrückt in Milligramm je Liter Kalk oder genauer Calciumoxyd (mg/l CaO). Die Gesamthärte vermittelt also ein Bild über den Gehalt an Erdalkalien und dient damit als Summenwertangabe. Neben der Gesamthärte unterscheidet man zwischen Carbonathärte und Nichtcarbonathärte, beide zusammen ergeben die Gesamthärte.

Carbonathärte

Die Carbonathärte wird gebildet aus den Carbonaten und Bicarbonaten der Erdalkalimetalle, und zwar durch die an die Kohlensäure (H_2CO_3) gebundenen Anteile des Calciumcarbonats ($CaCO_3$) und des Magnesiumcarbonats ($MgCO_3$), die im Wasser als Hydrogencarbonate (HCO_3) vorliegen. Sie bleiben nur dann in Lösung, wenn das Wasser eine bestimmte Menge Kohlensäure enthält, denn zu jeder Menge an gelöstem Hydrogencarbonat gehört eine bestimmte (zugehörige) Menge „Gleichgewichtskohlensäure". Wird diese dem Wasser entzogen, so zerfällt soviel Calciumhydrogencarbonat in wasserunlösliches Calciumcarbonat und Kohlendioxid (CO_2), daß die Restmenge an in Lösung bleibendem Hydrogencarbonat sich wieder im Gleichgewicht mit der Kohlensäure im Wasser befindet. Die Carbonathärte ist Teil der Gesamthärte und wird ebenfalls ausgedrückt durch die in CaO umgerechnete Menge der Erdalkalibicarbonate.

Bei längerem Kochen des Wassers wird die Carbonathärte stark herabgesetzt, da durch Entweichen der freien Kohlensäure die Bicarbonate zerfallen und als Carbonate ausflocken. Das Wasser verliert also beim Erhitzen seine Eigenschaft, den Kalk in gelöster Form zu behalten. Die Ca- und Mg-Hydrogencarbonate wandeln sich deshalb in eine unlösliche Form, in Kalk, der sich am Kochgefäß absetzt und als Kesselstein (Calciumcarbonat) bekannt ist. Die Carbonathärte wird auch als temporäre oder transistorische Härte bezeichnet, weil sie durch Kochen des Wassers weitgehend beseitigt werden kann.

Nichtcarbonathärte

Bei der Nichtcarbonathärte, auch Sulfathärte oder bleibende Härte genannt, handelt es sich um die nach dem Kochen in Lösung verbleibenden und an andere Säuren (wie Salz-, Schwefel- und Salpetersäure) gebundenen mineralsauren Salze, z. B. Sulfat, Chlorid, Nitrat, Phosphat und Silicat als restlicher Teil des Calciums und Magnesiums. Die Nichtcarbonathärte ist Teil der Gesamthärte (Differenz von Gesamthärte und Carbonathärte), ebenfalls ausgedrückt in mg/l CaO.

pH-Wert

Ob ein Wasser neutral, sauer oder basisch (= alkalisch) ist, das wird durch den pH-Wert ausgedrückt. Wasser ist nichts anderes als eine Vielzahl von Molekülen, die aus je zwei Atomen Wasserstoff (H_2) und einem Atom Sauerstoff (O) bestehen. Diese Moleküle zerfallen (dissoziieren) zum Teil in die elektrisch geladenen Bestandteile (Ionen) OH und H, wobei einerseits die OH-Ionen negativ geladen sind (OH–) und andererseits die H-Ionen positiv (H+).

Ein pH-Wert von 7 ist neutral, ein pH-Wert von 1 bis 7 gilt als sauer, und ein pH-Wert von 7 bis 14 wird als alkalisch eingestuft.

Ist die Summe der negativ und positiv geladenen Teilchen gleich, heben sich die Ladungen insgesamt gegenseitig auf, das Wasser ist neutral. Überwiegt die Zahl der H+Ionen, dann spricht man von einer Säure. Ist umgekehrt die Zahl der OH–Ionen größer, dann handelt es sich um eine Lauge. Der pH-Wert gibt die Wasserstoffionen-konzentration im Verhältnis zu chemisch reinem (neutralem) Wasser als negativen Logarithmus an.

Die zahlenmäßige Festlegung der Wasserhärte geschieht meistens in *Grad deutscher Härte (° dH)*. Häufig wird auch die Konzentration der Ca- und Mg-Salze in Millimol Calcium pro Liter (mmol/l Ca) bestimmt. In beiden Fällen werden sowohl die Magnesium- als auch andere Salze in Calcium-Einheiten umgerechnet.

Für andere Anwendungsbereiche wird nicht mit Härtegraden gerechnet, sondern mit einem linear transformierten Wert, dem Säurebindungsvermögen (SBV). Kalk ist in der Lage, Säure zu binden, so daß der Kalkgehalt stets auch als Säurekapazität oder Säurebindungsvermögen ausgedrückt werden kann, es entspricht einer vereinfachten Carbonathärtebestimmung. Beide Größen können leicht umgerechnet werden:

1° Carbonathärte : 2,8 = Säurebindungsvermögen (SBV) oder Alkalität. Säurebindungsvermögen oder Alkalität × 2,8 = 1° Carbonathärte.

Je höher der SBV-Wert (die Gesamtalkalität), je höher der Gehalt an gelöstem Kalk, desto stabiler wird der pH-Wert, desto mehr ist er gegen Schwankungen gepuffert. Das liegt nicht nur daran, daß Kalk Säuren binden kann und damit ein Absinken des pH-Wertes verhindert, sondern Kalk kann auch einen Anstieg des pH-Wertes verhindern.

Wie wir gesehen haben, tritt bei der Erhitzung des Wassers nicht nur eine Enthärtung ein, sondern es entweicht auch die freie Kohlensäure, das Säurebindungsvermögen wird herabgesetzt. Dies führt wiederum zu einer pH-Wert-Erhöhung des behandelten Wassers, die mit kohlensaurem Kalk (CaO) ausgeglichen werden muß. Der pH-Wert muß so wieder auf den neutralen Bereich eingestellt werden.

Härtebereiche des Wassers

Härtebereich	Beurteilung	Gesamthärte in ° dH	Gesamthärte in mmol/l Ca
1	weich	0–7	0–1,3
2	mittelhart	8–14	1,3–2,5
3	hart	15–21	2,5–3,8
4	sehr hart	über 21	über 3,8

Umrechnung der Gesamthärte:

1° dH entspricht = 7,19 mg/l Calcium (Ca)
= 4,33 mg/l Magnesium (Mg)
= 10 mg/l Calciumoxyd (CaO)
= 7,14 mg/l Magnesiumoxyd (MgO)
= 17,8 mg/l Calciumcarbonat ($CaCO_3$)
= 15 mg/l Magnesiumcarbonat ($MgCO_3$)
= 0,18 mmol/l Erdalkaliionen (umgerechnet in Ca)

1 mmol/l entspricht = 5,6° dH
= 40 mg/l Calzium (Ca)

Hartes Wasser begünstigt die Zahn- und Knochenbildung, weiches Wasser begünstigt dagegen Herz- und Gefäßerkrankungen. Die Mineralbestandteile des Wassers, die beim Trinkwasser also eine eher positive Rolle spielen, haben einen großen Einfluß auf die Qualität des Bieres. Die im Wasser enthaltenen Salze, also die Hydrogencarbonate des Calciums, Magnesiums und die Alkalimetalle können auf das Malz in Maische und Bierwürze beim Erhitzen säurevernichtend einwirken. Durch eine pH-Erhöhung beeinflussen sie den Säuregrad, die Acidität der Würze. Dies wiederum führt zu einer Beeinflussung der enzymatischen Vorgänge, besonders bei der Umwandlung der Stärke in Malzzucker, und damit zu einer Extraktverminderung. Die Eiweißausscheidung wird ebenfalls negativ beeinflußt. Diese Salze bzw. der von ihrer Art und Menge bestimmte pH-Wert können aber auch die Wirkung des Hopfens geschmacklich beeinträchtigen oder die Hefe beim Gärprozeß behindern. Die Folge ist eine Verringerung des Vergärungsgrades und eine mangelhafte Ausscheidung von Eiweiß, Gerbstoffen und Hopfenharzen und insgesamt eine weniger befriedigende Zusammensetzung des Bieres.

Für die Bierbrauerei ist die Carbonathärte des Wassers wichtiger als die Nichtcarbonathärte. Die Carbonathärte sollte etwa ein Drittel der Nichtcarbonathärte betragen. Die Carbonathärte wirkt sich besonders bei hellen Bieren nachteilig aus. Ein Pilsener hat z. B. eine Carbonathärte von nur 1,3° dH (Gesamthärte 1,6° dH). Biere, die aus weniger sauren, alkalischen Carbonat-Wässern gebraut werden, enthalten deshalb auch weniger Hopfen. Ein dunkles, gering gehopftes Bier kann auch noch mit einer Carbonathärte von 14° dH gebraut werden, z. B. die Münchner Biertypen.

Geringe Mengen an Calcium sind allerdings erwünscht, weil der Extrakt aus Malz und Hopfen beim Maischen und Kochen der Bierwürze verstärkt wird, und Calcium Trübungen verhindern hilft. Geringe Sulfatmengen verbessern dagegen die Wirkung der Bitterstoffe im Hopfen, und ein leichter Anteil von Chlorid soll die Geschmacksfülle und Süße des Bieres kräftigen.

Wasserenthärtungsverfahren

Sollte das Trinkwasser über 10° dH haben oder die Carbonathärte mehr als ein Drittel der Nichtcarbonathärte ausmachen, ist eine Wasserenthärtung ratsam. Es gibt drei einfache Verfahren:

Enthärtung durch Abkochen

Wenn auch das Abkochen des Wassers für die Bierherstellung in den Augen eines professionellen Brauers aus verschiedenen Gründen nicht so günstig ist, so stellt es für den Hobbybrauer eine unkomplizierte Möglichkeit dar, geeignetes Brauwasser zu erhalten. Durch das Abkochen (ca. 30 Minuten) erreicht man eine Verringerung der Wasserhärte um etwa 5° dH. Nach dem Abkühlen des abgekochten Wassers setzt sich am Boden des Topfes sichtbar Kalk ab. Das enthärtete Wasser kann jetzt mit einem kleinen Gefäß vorsichtig abgeschöpft werden, ohne den Bodensatz dabei aufzuwirbeln.

Enthärtung mit Ätzkalk

Eine genauere und besonders energiesparende Enthärtung kann mit Ätzkalk (Calciumoxid) erreicht werden. Die Bioland-Brauereien wenden zum Teil dieses Verfahren an und nennen es Kalkmilch-Enthärtung. Ätzkalk oder ungelöschter Kalk ist ungiftig; man erhält ihn z. B. in der Apotheke. Das Calciumoxid (CaO) verbindet sich mit den im Wasser gelösten Salzen der Kohlensäure, den Carbonaten. Es entstehen schwer lösliche Salze, die sich im Gefäß absetzen.

Der Ätzkalk wird kräftig in das zu enthärtende Wasser eingerührt und sollte eine Stunde wirken. Als Richtwert gilt je nach Härtegrad des Wassers folgende Ätzkalkmenge:

Wasserhärte in ° dH	CaO-Menge für 20 l Wasser
10	2 g
15	4 g
20	6 g
25	8 g
30	10 g

Eine genaue Dosierung ist häufig nicht möglich, deshalb können noch CaO-Überschüsse vorhanden sein, die den pH-Wert des Wassers in dem alkalischen Bereich erhöhen. Der Enthärtungseffekt muß unbedingt überprüft werden, da schon ein geringer Überschuß an freier Alkalität zu schweren Störungen beim Maischen führt. Brauwasser sollte möglichst neutral, bestenfalls geringfügig sauer sein.

Die Prüfung von CaO-Überschüssen bzw. des Säurewertes (Acidität) des Wassers erfolgt mit Lackmus-Papier (aus der Apotheke). Hierzu wird ein Tropfen des enthärteten Wassers auf den Lackmus-Streifen gegeben. Eine Blaufärbung signalisiert eine basische, Rotfärbung dagegen eine saure Reaktion.

Liegt eine Blaufärbung vor, muß das enthärtete Wasser so lange mit unbehandeltem Wasser verdünnt und verrührt werden, bis die basische Reaktion (Blaufärbung) aufhört. Das Ergebnis wäre ein neutrales Wasser. Diese Neutralisierung könnte auch mit Säure erfolgen (Salzsäure, Schwefelsäure, Milchsäure); dies widerspricht jedoch dem Reinheitsgebot.

Das Wasser kann jetzt vorsichtig abgeschöpft oder mit einem Schlauch abgezogen werden, ohne dabei den Kalkschlamm aufzuwirbeln. Dieser wird mit den letzten 2 l Wasser weggeschüttet.

Das Wasserenthärtungsverfahren mittels Ätzkalk hat gegenüber dem Verfahren mit Aktivkohle den Vorteil, daß bei ersterem keine Rückstände, wie z. B. etwa Silberpartikel, auftreten können.

Enthärtung mit Aktivkohle

Diese Filterpatronen erhält man u. a. in Haushaltswarengeschäften als Britta-Wasserfilter. Sie enthalten Aktivkohle und spezielle Ionenaustauscherharze, die eine Absenkung der Carbonathärte des Leitungswassers bewirken. Allerdings wird bei diesem Enthärtungsverfahren auch der pH-Wert gesenkt. Angeblich sollen auch Schwermetalle und organische Verunreinigungen zurückgehalten werden.

Um ein Aufkeimen des Wassers zu verhindern, sind Aktivkohle bzw. Ionenaustauscherharz oft gesilbert. Es können also ständig geringe Mengen Silber im Wasser enthalten sein. Die Bioland-Braurichtlinien lehnen deshalb die Wasserenthärtung mit Aktivkohle ab.

Nitrat und Nitrit

Neben der Wasserhärte könnte das zweite Problem der Nitrat-gehalt sein. Nitrat (NO_3) ist ein Salz der Salpetersäure. Der Nitrat-gehalt im Trinkwasser hat seine Ursache besonders in der Über-düngung landwirtschaftlicher Böden mit orga-nischen und anorganischen Düngemitteln wie Gülle, Jauche, Stickstoff und Phosphaten. Bei der bakteriellen Umwandlung der organischen und anorganischen Stickstoffverbindungen (z. B. Eiweiß) entstehen Ammoniumverbindun-gen (NH_4), die unter Sauerstoffverbrauch von Mikroorganismen zu Nitrat umgesetzt wer-den. Dieser Nitrifikation genannte Transforma-tionsprozeß ermöglicht es, den Stickstoff wie-der der Pflanze verfügbar zu machen.

> Die Überdüngung der landwirt-schaftlich genutz-ten Flächen be-dingt eine wach-sende Nitrat-belastung des Grundwassers.

In den letzten Jahrzehnten ist allerdings aus der Unterversor-gung der landwirtschaftlichen Böden eine hoffnungslose Über-versorgung mit stickstoffhaltigen Düngern geworden. Der Ein-satz dieser Düngemittel steht heute in keinem Verhältnis mehr zur eingebrachten Ernte. Allein der Mineralstickstoffverbrauch hat sich seit 1950 verfünffacht, während sich der Ernteertrag je Hektar nicht einmal verdoppelt hat. Man geht allgemein davon aus, daß die letzten 10 % Ertragssteigerung 40 % mehr stick-stoffhaltigen Dünger fordern.

Der Nitratanteil, den die Pflanzen nicht aufnehmen können, gelangt mit dem Niederschlagswasser fast ungehemmt ins Oberflächen- oder Grundwasser, weil ein Teil der Böden ihre Reduktionskraft verloren haben. In Gebieten mit Massentierhal-tung und Intensivlandwirtschaft stellt die übermäßige Düngung mit Gülle und Jauche ein besonderes Problem dar.

Die Nitratanreicherung des Grundwassers vollzieht sich dort um so rascher, je ungünstiger die Untergrundverhältnisse sind (hoher Sickerwasserdurchsatz und geringe Rückhaltekapazität). Höhere Niederschlagsmengen oder auch die künstliche Beregnung dieser leichten Böden verstärken das Nitratproblem noch zusätzlich.

Zu besonders schwerwiegenden Belastungen kommt es durch die Ausbringung von Wirtschaftsdünger außerhalb der Vegetationsperiode zwischen Oktober und März. Auch die Ausweisung von Trinkwasserschutzgebieten, wasserwirtschaftlichen Vorranggebieten und Wasserschongebieten sowie die Gülleverordnungen haben bisher nicht verhindern können, daß es durch Unkenntnis, Fahrlässigkeit, unsachgemäßes oder umweltkriminelles Handeln immer noch zu massiven Schadstoffeinträgen und Grundwasserbelastungen kommt.

Nitrat ist also ebenso wie z. B. Ammonium ein typischer Verschmutzungsindikator des Wassers (z. B. fäkale Verunreinigung) und kann mit den üblichen Trinkwasseraufbereitungsmethoden der Wasserwerke kaum oder nur mit sehr hohem Aufwand entfernt werden.

Nitrit ist aber nicht nur ein starkes Hefegift, es entsteht auch durch die Umwandlung von Nitrat mit Hilfe von Magen-Darm-Bakterien im menschlichen Körper. Trinkwasser mit über 10 mg/l Nitrat kann durch den Abbau zu Nitrit für Säuglinge und Kleinkinder ausgesprochen gefährlich werden, weil es die normale Sauerstoffaufnahme des Blutes blockiert und die sogenannte Blausucht (Methämoglobinämie) hervorruft. Außerdem gehört Nitrit zu den nitrisierenden Stoffen, die mit bestimmten

Beim Bierbrauen führt ein Nitratgehalt des Wassers von über 20 bis 25 mg/l bereits zu Störungen bei der Gärung, da die Hefe Nitrat zu dem Hefegift Nitrit (NO_2) reduziert. Nitrite dürfen im Brauwasser nicht vorhanden sein.

Aminen im sauren Milieu des Magens Nitrosamine bilden, die zu den stärksten Krebserregern (Carcinogene, Cancerogene) gehören, die derzeit bekannt sind.

Der Hobbybrauer sollte also nicht nur wegen der Bierbereitung den Nitratgehalt des Wassers im Auge behalten. Denn der von der Trinkwasserverordnung vorgeschriebene höchstzulässige Nitratwert von 50 mg/l garantiert noch nicht, daß Leitungswasser auch für die Kindernahrung oder für die Bierbereitung geeignet ist.

KAPITEL II
DIE GRUNDAUSSTATTUNG
DES HOBBYBRAUERS

AUSRÜSTUNG UND GERÄTSCHAFTEN

In den Anfangszeiten der Bierbrauerei hatten die Menschen nur sehr einfache Geräte. Darum ist die Hobbybrauerei auch heute mit einer in fast jedem Haushalt vorhandenen Ausrüstung möglich. Einige Geräte muß man sich vielleicht noch im Hobby-brauerei-Handel besorgen (siehe Anhang/Bezugsquellen, Seite 137), manche kann man aber auch selber bauen. Bevor es ans Brauen geht, sollten unbedingt alle Gerätschaften vorhanden sein. **Die in diesem Buch** vorgeschlagenen Rezepte gehen von einer fertigen Biermenge von rund zehn Litern aus. Wer größere

Die Grundausrüstung für den Hobbybrauer

Mengen brauen möchte, muß die angegebenen Zutaten entsprechend umrechnen und teilweise andere Töpfe verwenden.

DIE SCHROTMÜHLE

Zum Schroten ist eine spezielle Schrotmühle aus dem Haushaltswarengeschäft am besten geeignet. Notfalls funktioniert es auch mit einer Küchenmaschine mit großem Schlagwerk. Wer beides nicht hat, sollte bereits fertig geschrotetes Malz kaufen. Es ist zwar etwas teurer, aber dafür hat es auch gleich die optimale Körnung (siehe auch Seite 60).

KOCHLÖFFEL

Beim Maischen und Würzekochen muß gelegentlich geprüft werden, wieviel Bierwürze sich noch im Topf befindet und wieviel Wasser bereits verkocht ist. Die meisten Kochtöpfe haben keine Literskala am Rand, wie wir sie von Meßbechern her kennen. Diese Skala läßt sich jedoch leicht selbst mit einem langen Kochlöffel oder Holzstab herstellen. Dazu wird in den Kochtopf mit einem Meßbecher literweise Wasser gefüllt, der Löffel nach jedem Liter gerade in den Topf gehalten und mit einem wasserfesten Stift markiert. Nach drei bis vier Strichen kann man den Rest der Literskala mit einem Millimetermaßstab ergänzen.

DIE BIERWÜRZESPINDEL

Die Bierspindel dient zur Ermittlung des Extraktgehaltes, der Konzentration der Bierwürze. Je höher der gelöste Zuckergehalt der Würze ist, desto höher ist ihr spezifisches Gewicht. Der Wert kann dann einfach von der Skala abgelesen werden. Dieses Instrument kann man im Hobbybrauerei-Handel kaufen (siehe Anhang/Bezugsquellen, Seite 137), aber auch selbst bauen.

Ein ähnliches Gerät namens Oechslewaage benutzt der Winzer zur Prüfung des Mostzuckers bei der Weinherstellung. Oechslewaage und Bierspindel sind Senkwaagen (Aräometer), mit denen das relative spezifische Gewicht der jeweiligen Flüssigkeit gemessen wird. Je höher das spezifische Gewicht ist, desto weiter steht z. B. die Bierspindel aus der Flüssigkeit heraus. Wer eine Oechslewaage besitzt, kann diese als Bierspindel verwenden. Die Umrechnung von Oechslegrad (° Oe) in %-Würzgehalt erfolgt durch Division mit vier. Beispiel: 40° Oechsle : 4 = 10 % Würzgehalt. Allerdings gibt es bei diesem Verfahren leichte Abweichungen, z. B. haben 20° Oe knapp über 5 % und 60° Oe nicht ganz 15 % Würzgehalt. Für die Hobbybrauerei ist diese Differenz aber bedeutungslos.

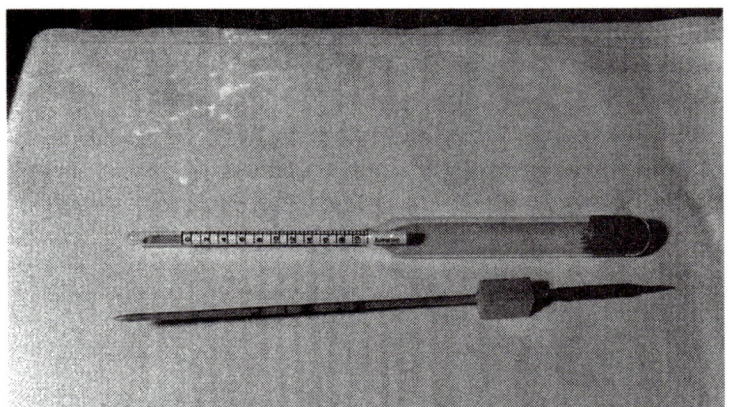

Bierwürzespindel, unten eine selbstgebaute Bierspindel

Tip für den Hobbybrauer

Eine gekaufte Bierspindel ist bereits auf die Würz- bzw. Zuckerprozente geeicht, eine selbstgebaute Spindel kann man leicht herstellen und auch eichen.

Materialbedarf für eine Bierspindel:

1 Rundholz, 20–30 cm lang, Durchmesser ca. 2–3 mm
2 Stück Balsaholz, 1 × 1 × 2 cm
1 Stück dünner Blumendraht
1 kleiner Topf Klarlack, wasserfest

Damit sich das Rundholz in der Würze senkrecht hält, umwickelt man es am unteren Ende etwa 3 cm fest mit dem Draht. Das Balsaholz wird in der Mitte des 1 × 1 cm großen Quadrats vorsichtig durchbohrt. Der Lochdurchmesser muß dem Rundholz gerade entsprechen, damit ein fester Sitz möglich ist. Nun werden die beiden durchbohrten Balsastücke als Schwimmer bis zum oberen Drahtende auf das Rundholz geschoben. Notfalls kann man sie mit etwas Klebstoff am Rundholz fixieren. Zwischen beiden Hölzern läßt man einen Abstand von 1–2 cm. Die Bierspindel wird nun zweimal sorgfältig wasserdicht lackiert. Nach dem Trocknen des Lackes kann sie geeicht werden. Die Spindel sollte jetzt senkrecht in einem Glas Wasser stehen und nicht den Boden berühren. Andernfalls muß etwas Draht abgewickelt oder ergänzt und an dieser Stelle nachlackiert werden.

Zum Eichen wird das Rundholz mit einem Kugelschreiber an der Stelle markiert, an der es aus dem 20 °C warmen Wasser herauskommt. Dieser Wert entspricht 0 %. Anschließend erfolgt auf gleiche Weise eine Markierung für eine 10%ige Zuckerlösung, die ebenfalls eine Temperatur von 20 °C haben muß. Hierzu löst man 110 g Zucker in einem Liter Wasser auf. In dieser Lösung steht die Bierspindel weiter heraus, weil das spezifische Gewicht höher ist als normales Wasser. Der markierte Wert entspricht 10 %. Die Werte zwischen 0 und 10 % und von 10 bis 20 % lassen sich jetzt leicht mit einem Millimetermaß linear übertragen. Damit hat man eine für die Hobbybrauerei ausreichend genaue Bierspindel.

FILTER

Für das Abläutern der Maische wird ein Filter benötigt, den man sich leicht selbst bauen kann. Man stellt einen Stuhl oder Hocker mit den Beinen nach oben auf den Tisch. Die Beine werden etwa 3 cm unterhalb des Stuhlbeinendes mit Schnur umwickelt, so daß ein Schnurviereck um die Stuhlbeine entsteht. Darauf legt man zwei Baumwollwindeln, die an den Stuhlbeinen mit Schnur und an den Seiten des Schnurvierecks mit Wäscheklammern befestigt werden. Unter diesen Filter stellt man einen etwa zehn Liter fassenden Topf oder Eimer, dessen Durchmesser den Innenabstand der Stuhlbeine nicht überschreiten darf.

Skizze eines selbstgebauten Maischefilters

GÄRGEFÄSS

Gärgefäße aus Glas oder Edelstahl sind sicherlich am besten geeignet, aber leider auch recht teuer. Kunststoffgefäße sind dagegen erheblich preiswerter.

Wem dies aber immer noch zu kostspielig erscheint, kann ein Gärgefäß auch selbst bauen.

Tip für den Hobbybrauer

Beim gekauften wie beim selbstgebauten Kunststoffgefäß sollte man darauf achten, daß es lebensmittelecht ist. Werkstoffe aus Polyvinylchlorid (PVC) erfüllen diese Anforderungen oft nicht. Neben der Gesundheitsgefährdung – Vinylchlorid ist ein sehr giftiges und krebserregendes Gas – ist PVC auch wegen seiner umweltbelastenden Herstellungsweise und der höchst problematischen Entsorgung abzulehnen. Wenn es schon Kunststoff sein soll, ist Polyethylen (PE) die beste Lösung. Zu bedenken bleibt bei Kunststoff aber immer, daß er Weichmacher enthält, die in Lebensmittel eindringen und gesundheitsschädliche Wirkungen hervorrufen können. Die krebsauslösende Wirkung von Weichmachern führte in den USA dazu, Wein in PVC-Flaschen zu verbieten.

Materialbedarf für das Gärgefäß:

1 sauberer PE-Plastikkanister (mind. 15 l), möglichst weiß oder durchsichtig, mit einem breiten Verschluß
1 Kunststoff-Abflußhahn (Aquarienhandel oder Baumarkt)
1 kleine Packung Zweikomponenten-Kunststoffkleber
1 Gärröhrchen mit Gummistopfen

Etwa 1 cm über der inneren Bodenhöhe des Kanisters wird ein Loch gebohrt. Der Durchmesser entspricht dem Stutzen des Abflußhahns. Dieser wird entweder mit zwei Überwurfmuttern am Bohrloch befestigt und eingedichtet oder mit Kunststoffkleber wasserdicht eingeklebt. Vor dem Kleben sollten die zu verbindenden Flächen aufgerauht werden. Das Gärröhrchen wird mit dem Gummistopfen in ein knapp sitzendes Bohrloch am Verschluß oder Deckel des Gärbehälters eingeschoben.

BIERFLASCHEN

Starker Lichteinfluß bewirkt im Bier einen unangenehmen Geschmack. Am besten geeignet sind deshalb Braunglasflaschen, die einen guten Schutz gegenüber stärkerer Beleuchtung und Sonneneinstrahlung bieten. Sie sollten einen druckfesten Bügelverschluß haben. Diese Halbliterflaschen kosten im Fachhandel etwa 1,– bis 2,– DM. Einige Brauereien füllen ihr Bier in derartigen Flaschen ab, darum sind diese Pfandflaschen für den Hobbybrauer preiswerter. Man sollte sich einige Ersatz-Gummidichtungen besorgen, weil die alten Gummiringe mit der Zeit morsch werden.

Etwas zünftiger, aber auch wesentlich teurer sind die zwei bis fünf Liter fassenden Bierflaschen in alter Form mit Henkel und Bügelverschluß. Diese Flaschen sind für den Hobbybrauer sicherlich eine willkommene Ergänzung, besonders wenn er sie als Geschenk von Gästen bekommt, die sein selbstgebrautes Bier immer wieder zu schätzen wissen.

DIE GRUNDAUSRÜSTUNG FÜR DEN HOBBY-BIERBRAUER IM ÜBERBLICK

Gerät	Zweck
1 Schrotmühle oder Küchenmaschine	Schroten von Braumalz
1 Küchenwaage	Braumalz abwiegen
1 Meßbecher, 1 l	Brauwassermenge
1 Kochtopf (kein Aluminium) oder elektrischer Einmachtopf, 15–20 l	Maischen und Würze kochen
1 Einmachthermometer 40–110 °C	
2 lange Kochlöffel (nur zum Bierbrauen verwenden)	
1 kleine Flasche Jod N/50-Lösung (Apotheke)	Jodprobe, Verzuckerung messen
1 selbstgebauter Filter, bestehend aus Stuhl, 2 Baumwollwindeln, Schnur, Wäscheklammern	Abläutern, erstes Filtern
1 Eimer, 10 l	Abläutern
1 Schaumkelle	Filtern, Treber anrühren
1 Kochtopf, 10 l	Nachguß
1 Schöpflöffel (Suppenkelle) oder kleiner Stieltopf	Aufguß
1 Meßzylinder 250 ml oder ein hohes Glas	Würze messen
1 Bierwürzespindel	Würzgehalt messen
1 Briefwaage	Hopfen wiegen
1 Baumwollwindel	Zweites Filtern
1 großes Küchen- oder Gemüsesieb (Seihe), es sollte möglichst auf den 10-l-Topf oder Eimer passen	Zweites Filtern
1 große Plastikwanne	Abkühlen
1 Raumthermometer, etwa –10 bis +50 °C	Gärung, Lagerung
1 Gärbehälter, 15–30 l, mit großer Öffnung, gut schließendem Deckel und Abflußhahn	Hauptgärung
1 Abfüllschlauch (Gummi oder Kunststoff), 1–2 m, mit Schlauchquetscher	Abfüllen
1 zweiter Gärbehälter oder ausreichend Bierflaschen, möglichst mit Bügelverschluß	Nachgärung, Lagerung
1 Gärröhrchen mit Gummistopfen	Nachgärung

KAPITEL III
DER BRAUVORGANG

DIE ACHT PHASEN DER BIERHERSTELLUNG

Das folgende Kapitel gibt in acht Schritten die notwendigen Erläuterungen an die Hand, um ohne weitere besondere Vorkenntnisse unkompliziert ein selbstgebrautes Bier nach den Rezeptangaben auf Seite 87 ff. herstellen zu können. Bevor Sie sich also an die vier Bierrezepturen wagen, empfiehlt es sich, die folgenden Grundkenntnisse des Brauverfahrens gründlich zu studieren und diese auch immer wieder beim Brauvorgang nachzulesen. Man sollte sich beim ersten Brauversuch einen vollen Tag Zeit nehmen. Die Küche wird an diesem Tag für die

ZUR ERLEICHTERUNG!

Um Ihnen nach der Lektüre der Grundkenntnisse des Brauverfahrens das doch oft relativ mühselige Umblättern und Suchen der jeweiligen Textstelle abzunehmen, finden Sie auf den Seiten 82 und 83 eine Zusammenfassung der acht Herstellungsphasen.

Familie kaum nutzbar sein. Bevor es mit dem Bierbrauen losgeht, sollte sich der Hobbybrauer anhand der folgenden Zusammenstellung einen Überblick darüber verschaffen, welche Einzelschritte schließlich zum fertigen Getränk führen und wieviel Zeit er ganz grob dafür einplanen muß. Diese acht Phasen der Bierherstellung sind als zusammenfassende Beschreibung für alle vier in diesem Buch vorgeschlagenen Bierrezepte zu verstehen. Sie tauchen bei den später gezeigten Rezepten wieder auf und vereinfachen damit den Arbeitsablauf.

Der Brauvorgang in der Übersicht

Die 8 Phasen der Bierherstellung	durchschnittlicher Zeitaufwand
1. Vorbereitungen	1–2 Stunden
2. Maischen	2,5–3 Stunden
3. Abläutern (erstes Filtern)	2 Stunden
4. Würze kochen und Hopfenzugabe	1–1,5 Stunden
5. Ausschlagen (zweites Filtern)	0,5 Stunden
6. Abkühlen	2 Stunden
7. Hefe anstellen	(Hauptgärung 4–8 Tage)
8. Nachgärung und Klärung	(2–12 Wochen)

1. Vorbereitungen

Ein oder zwei Tage vor dem Brautag werden, falls erforderlich, nach einem der auf Seite 45 beschriebenen Verfahren 20 Liter Wasser enthärtet. Am Brautag selbst wird das Malz geschrotet, damit die Enzyme die im Malz enthaltene Stärke optimal in Zucker umwandeln können. Entscheidend ist, daß die Körner gleichmäßig grob geschrotet werden. Sowohl zu schwaches als auch zu starkes Schroten hat große Nachteile, denn wenn die Malzkörner noch zu groß sind, führt das zu einer schlechten Extraktgewinnung beim späteren Maischen. Sind sie zu fein oder gar zu Mehl gemahlen worden, entsteht im Bier eine nicht zu beseitigende Trübung; außerdem bekommt man Probleme bei Abläutern, weil die Würze nicht schnell genug abfließt. Wird das Malz in einer elektrischen Mühle oder Küchenmaschine geschrotet, darf es sich nicht zu stark erwärmen, sonst können die hitzeempfindlichen Enzyme geschädigt werden. Man sollte beim Schroten also Pausen einlegen und die Maschine abkühlen lassen. Wem das Schroten zu aufwendig erscheint, kann sich natürlich fertig geschrotetes Braumalz besorgen (siehe Anhang/Bezugsquellen, Seite 137).

Wenn alle Gerätschaften gründlich gereinigt bereitstehen, wird die Trockenhefe durch einen Ansatz aktiviert. Sie wird in einer großen sterilisierten Tasse mit abgekochtem Wasser bei einer Temperatur von 17–20 °C bei obergäriger bzw. bei 7–10 °C bei untergäriger Hefe sowie einem Teelöffel Zucker verrührt und mit einer Untertasse abgedeckt. Falls diese Anstellhefe untergärig ist, stellt man sie in den Kühlschrank. Obergärige Hefe verträgt dagegen Zimmertemperatur.

2. Maischen

Das Vermischen von Malz und Wasser wird als Maischen bezeichnet. Es gibt verschiedene Maischverfahren und unzählige Variationen, von denen einige recht zeitaufwendig sind, weil man Teile der Maische mehrfach trennt, separat erhitzt und der Gesamtmaische wieder beimengt. Diese komplizierten Dekoktions-, Zwei- oder Dreimaischverfahren dauern bis zu vier Stunden. Für die meisten Biersorten reicht normalerweise ein einfacheres Verfahren völlig aus. Da die meisten Leser mit dem Brauhobby erst anfangen, wollen wir uns zunächst auf das „aufsteigende Infusionsverfahren" beschränken, mit dem man sowohl ein gutes

Um den Hobbybrauer nicht zu sehr zu verwirren, wird hinsichtlich der vielen Maischverfahren nur das aufsteigende Infusionsverfahren berücksichtigt.

obergäriges, aber auch ein untergäriges Bier herstellen kann.

Das geschrotete Malz wird beim Einmaischen und bei den weiteren folgenden Schritten des Maischens in Wasser erwärmt und angeteigt, um möglichst viel von seinen wirksamen, schwer löslichen Bestandteilen als Extrakt in die Würze zu überführen. Die bereits beim Mälzen gebildeten Enzyme werden beim Maischen freigesetzt und sorgen dafür, daß die unvergärbare Reststärke des Malzes in vergärbaren Zucker und Dextrine (nicht vergärbare Zuckergruppen) umgewandelt wird. Da auch der

Hobbybrauer an einer optimalen Ausbeute interessiert sein sollte, ist eine genauere Kenntnis über die Wirkung der Enzyme hilfreich, um das Maischen entsprechend steuern zu können (siehe auch Rezepte Seite 87). Die verschiedenen Enzyme arbeiten bei Temperaturen zwischen 50 und 76 °C am besten. Ist es wärmer, läßt ihre Aktivität nach oder sie werden zerstört.

Einmaischen

Zum Einmaischen wird zunächst ein Teil des Brauwassers (7 bis 10 Liter) in einem großen Koch- oder Einmachtopf erhitzt und das Malzschrot etwa 20 Minuten lang gründlich eingerührt. Das Rühren ist während des gesamten Maischvorgangs wichtig, um die Bildung von Malzklumpen oder das Anbrennen des Malzes zu verhindern und eine bessere Wärmeverteilung zu erreichen. Denn es ist gar nicht so einfach, einen dickflüssigen Brei gleichmäßig zu erhitzen.

Die für diesen Sud benötigte Menge Brauwasser heißt Hauptguß, die benötigte Menge Malz nennt man Schüttung. (Die Menge beträgt je nach Rezept [siehe Seite 87] etwa 2 bis 3 kg.) Eine absolut exakte Angabe der Dosierung ist kaum möglich, weil die Eigenschaften des Braumalzes, wie bei jedem Naturprodukt, von vielen Einflüssen abhängen und die Qualität der Gerste je nach Standort, Bodentyp, Düngung, Klima, Aussaat- und Erntezeit nie völlig gleich sein und darum auch zu verschiedenen Maische- bzw. Bierqualitäten führen kann.

Die Einmaischtemperatur für die in diesem Buch vorgeschlagenen Rezepte (siehe Seite 87) liegt zwischen 35 und 50 °C. Die Temperatur des Hauptgusses sollte je nach Menge der Schüttung 5–10 °C über der Einmaischtemperatur liegen, weil das kalte Malzschrot die Temperatur des Wassers um einige Grad absenkt. Während des Maischens sollte man stets etwas heißes und kaltes Brauwasser zur Hand haben, um Temperaturschwankungen der Maische schnell ausgleichen zu können.

Tip für den Hobbybrauer

An dieser Stelle soll noch eine Alternative zum eben beschriebenen Einmaischen dargestellt werden. Sie ist besonders geeignet für die ersten Brauversuche, und vor allem, wenn man den recht zeitaufwendigen Brauvorgang auf zwei Tage verteilen möchte. So kann man mit allen Vorbereitungen sowie mit dem Einmaischen am Abend beginnen und das Brauverfahren am nächsten Tag fortsetzen. Vorgemaischt wird bei diesem Verfahren mit kaltem Brauwasser, man nennt es Digerieren. Das eingeweichte Malzschrot kann über Nacht ziehen und bereits viele Malzbestandteile, besonders Zucker und Enzyme lösen.

Die spätere Extraktausbeute wird mit dieser Methode etwas verbessert. Das Digerieren kann aber auch Nachteile haben. Bei hellen Bieren führt es mitunter zu geschmacklichen Beeinträchtigungen. Auch kann die Schaumhaltigkeit ungünstig beeinflußt werden. Die Vormaischtemperatur sollte während der gesamten Zeit deutlich unter 18 °C bleiben, damit die Maische nicht durch Kleinstlebewesen oder durch eine Säuerung geschädigt und damit unbrauchbar wird. Die Maische sollte also über Nacht in einem kühlen Raum stehen. Am nächsten Tag beginnt dann erst das eigentliche Sudverfahren.

Die Maische durchläuft jetzt drei Phasen, bei denen es darum geht, die gewünschte Zusammensetzung des Bierextraktes zu erreichen. Dies geschieht durch exakt einzuhaltende Rasttemperaturen und -zeiten, die für die optimale Wirkung der Hauptenzymgruppen von großer Bedeutung sind. Unter Rast ist beim Maischen nicht ein Ruhe- sondern ein biochemischer Prozeß zu verstehen.

Eiweißrast

Die erste Phase nennt man Eiweißrast (Protease), bei der die löslichen Stickstoffsubstanzen, nämlich die komplexen, größeren Eiweißstoffe (Proteine) und Eiweißabbauprodukte des Malzes mit Hilfe der Protease-Enzyme in sehr kleine Eiweißmoleküle aufgespalten werden. Bedeutend ist dieser Prozeß für die Klärung und Vollmundigkeit, besonders aber für die spätere Schaumstabilität und das Kohlensäurebindungsvermögen des Bieres.

Die Kontrolle der Temperatur beim gesamten Prozeß des Maischens ist für das Gelingen Ihres Bieres immens wichtig.

Die Temperatur wird jetzt pro Minute um 1 °C erhöht und bei 47–55 °C 60 Minuten konstant gehalten. Dabei wird die Temperatur immer wieder mit dem Einmachthermometer kontrolliert. Steigt die Temperatur über 60 °C an, muß der Topf sofort von der Flamme, da sonst die Enzyme zerstört werden. Notfalls kann etwas kaltes Brauwasser zugefügt werden. Auch in dieser Phase wird die Maische ab und zu umgerührt.

Maltoserast

Während der zweiten Phase, der Maltoserast (Beta-Amylase), sollen sich die Stärkemoleküle mit Hilfe der im Malz vorhandenen Beta-Amylase-Enzyme in vergärbaren Zucker (Saccharose), die Maltose, umwandeln. Die Maltoserast ist ein für die Vergärbarkeit des Bieres, also für die spätere Alkoholbildung wichtiger Abschnitt des Brauvorgangs.

Die Temperatur wird nun wieder schrittweise um 1 °C je Minute auf 62–65 °C erhöht; dabei wird die Maische ständig gerührt. Sie soll jetzt 40 bis 60 Minuten konstant bei dieser Temperatur rasten und ab und zu umgerührt werden. Auch hier kommt es auf die genaue Kontrolle der Temperatur an. Steigt sie auf 70 °C an, werden die Enzyme zerstört, und es wird keine weitere Stärke in Zucker umgewandelt.

Verzuckerungsrast

In der dritten Maischphase, der Verzuckerungsrast (Alpha-Amylase), sollen die großen verkleisterten Zuckermoleküle der Malzstärke mit Hilfe der Alpha-Amylase-Enzyme aufgespalten und in der Würze verflüssigt werden. Es bilden sich mehr nichtvergärbare Zuckergruppen als bei der Maltoserast, die Dextrine, wobei auch Mono- und Trisaccharide entstehen. Das Verhältnis von Maltose und Dextrinen regelt die Vergärbarkeit, also insbesondere die Alkoholbildung der Würze. Eine längere Maltoserast erzeugt eine maltosereichere Würze mit weniger schwer gärbaren großen Zuckermolekülen; wird diese Rast verkürzt, erhält man mehr Dextrine und weniger vergärbare Maltose. **Wieder wird die Temperatur** pro Minute um 1 °C auf 70–73 °C erhöht. Die Maische soll bei dieser möglichst konstant einzuhaltenden Temperatur ebenfalls 40 bis 60 Minuten rasten (dabei ab und zu umrühren).

Jodprobe

Nun sollen in der Würze keine Stärken und keine komplexen, höherteiligen Dextrine mehr vorhanden sein, die später im Bier zu Trübungen führen würden. Zur Kontrolle des Verzuckerungsgrades dient die Jodprobe. Man gibt einen Teelöffel der Würze auf eine weiße Untertasse und füllt nach kurzer Abkühlung 1 bis 3 Tropfen der Jod-N/50-Lösung zu. Wenn sich die Probe blau oder rot färbt, muß noch mehr Stärke in Zucker umgewandelt, d. h. das Maischen um weitere 10 Minuten bei 73 °C verlängert werden. Erst wenn sich die Probe braunrot oder im

Jod-N/50-Lösung in der Apotheke besorgen! Bei der Jodprobe wird der Grad der Verzuckerung gemessen, der über die spätere Alkoholbildung entscheidet.

günstigsten Fall gelb färbt, ist die Verzuckerung ausreichend. **Bei einigen Bierrezepten** wird die Temperatur jetzt noch einmal auf 75–78 °C gesteigert und 10 bis 15 Minuten gehalten,

damit sich mehr Dextrine bilden können und das Bier damit voll-
mundiger wird. Diese Erwärmung bewirkt auch, daß die in den
Spelzen (Getreidekornhülse) des Kornes enthaltene und beim
Maischen noch nicht verzuckerte Reststärke beim folgenden
Abläutern noch nachverzuckert werden kann.

3. Abläutern (erstes Filtern)

Beim Abläutern geht es um das Abgießen und erste Filtern der
Dickmaische, d. h. um die Trennung der klaren Bierwürze vom
Malzschrot (Treber). Durch das anschließende Aufgießen (An-
oder Überschwänzen) des Trebers mit frisch erhitztem Brauwasser (Nachguß) sollen Extraktreste und die noch vergärbaren löslichen Zuckerbestandteile aus den Hülsen des Malzes ausgewaschen und der Zuckergehalt der konzentrierten Würze auf den
für die gewünschte Biergattung entsprechenden Würzgehalt
verdünnt werden.

Während der letzten Maischphase werden knapp 10 l
Brauwasser für den Nachguß auf etwa 80 °C erhitzt. Zum Ab-
läutern stellt man den Filter und darunter einen Topf oder einen
Eimer bereit.

Entweder werden nun zuerst die festen Bestandteile der
Maische mit der Schaumkelle in den Filter gegeben und dann
die Bierwürze oder umgekehrt. Beide Läuterverfahren haben
Vor- und Nachteile. Wichtig ist in jedem Fall, daß die Würze klar
und schnell durch den Filter abläuft.

Die abgeläuterte, klare Würze wird nun wieder in den
Kochtopf zurückgegeben. Vorher sollten alle Maischereste aus
dem Topf ausgespült werden. Damit die klare Würze nicht weiter abkühlt und um Energie und Zeit zu sparen, wird die ge-
klärte Würze bereits jetzt auf Kochtemperatur erhitzt. Nun wird
der Nachguß mit der Schöpfkelle oder mit dem Meßbecher
nach und nach durch den Filter gegeben.

Tip für den Hobbybrauer

Eine optimalere Extraktausbeute wird erreicht, wenn man den Treber mit einer kleinen Gießkanne mit Brauseaufsatz übersprüht. Das Wasser sollte immer erst ablaufen, bevor die nächste Portion auf den Treber gegeben wird; den Treber also nicht überschwemmen. Bei diesem Anschwänzen (Aufgießen) muß die Filtermulde stets mit dem Treber ausgekleidet sein. Der Nachguß sollte keinesfalls heißer als 78 °C sein, weil sonst unverzuckerte Stärke ausgewaschen wird, die später im Bier Trübungen hervorruft.

Den Treber sollte man ab und zu anrühren, damit der Filter nicht verstopft und sich möglichst alle Maltoserückstände herauslösen. Ein großer Teil des Trebers besteht aus den Spelzen. Wurde das Malz in der richtigen Körnung geschrotet, ohne die Spelzen zu zerstören, so sorgen sie jetzt dafür, daß der Treber nicht ständig zusammenklebt und undurchlässig wird. Sie wirken im Treber wie die Streben eines Gerüstes und halten ihn locker. Wurde zu fein geschrotet, verstopft das Mehl die Poren des Filters, und das Nachgußwasser läuft zu langsam ab. Dabei kühlt es zu schnell ab, was eine Verschlechterung der Maltoselöslichkeit zur Folge hat.

Nach oder auch während des Überschwänzens (Aufgießens) gießt man die verdünnte Würze ebenfalls in den zum Kochen aufgesetzten Topf. Man nennt sie jetzt Vorderwürze. Der Treber ist ein ausgezeichnetes Futter für Hühner, Schweine, Rinder oder Schafe und auch zum Kompostieren bestens geeignet.

Würzgehalt prüfen

Die Vorderwürze wird mit der Bierspindel auf ihren Würzgehalt überprüft. Dazu wird ein Meßzylinder oder ein hohes Glas zu etwa drei Viertel mit der Vorderwürze gefüllt und im kalten

Wasserbad auf genau 20 °C abgekühlt. Nun stellt man die Bierspindel langsam in den Meßzylinder. Dabei sollte man vorsichtig vorgehen, denn bei zu frühem Loslassen kann die Spindel bis auf den Boden des Meßzylinders sinken und zerspringen. Sobald die Spindel frei schwimmt, kann der Würzgehalt abgelesen werden. Er gibt in Gewichtsprozenten an, wieviel Gramm Zucker und andere Substanzen in einem Kilogramm Flüssigkeit gelöst sind. Die in diesem Buch vorgeschlagenen vier Bierrezepte (siehe Seite 87) haben einen Würzgehalt zwischen 10 und 16 %. Ist der Gehalt höher als im Rezept angegeben, so sollte man noch etwas Brauwasser zum Verdünnen nachgießen. Liegt der Wert darunter, war der Nachguß zu reichlich, und man kann beim anschließenden Würzekochen etwas mehr Wasser verkochen lassen.

Die Bierspindel ist ein nützliches Instrument zum Prüfen des Würzgehalts. Wie man sie selbst bauen kann, erfahren Sie auf Seite 53 f.

4. Würze kochen und Hopfenzugabe

Die Würze wird zusammen mit dem Hopfen gekocht. Dies hat verschiedene Gründe. Beim Kochen wird die Wirksamkeit der Enzyme unterbunden, sie werden fachlich gesprochen denaturiert, damit sie das Gleichgewicht der in der Würze bestehenden Zuckerbestandteile (Maltose und Dextrin) nicht mehr beeinträchtigen können. Die Würze wird durch das Kochen sterilisiert, um alle Bakterien zu zerstören, die sonst das Bier während der Gärung verderben würden. Der Hopfen wird mitgekocht, um seine Wirkstoffe auszunutzen und um die vorgesehene Bittere zu erreichen. Dabei werden die im Hopfen enthaltenen Harze und Öle gelöst, die schließlich die Würze zusammen mit dem Malzaroma vollenden. Der Gerbsäuregehalt (Tannin) des Hopfens bewirkt beim Kochen eine Ausfällung und Verklumpung der vom Maischen mitgeschleppten Eiweißstoffe und trägt zur Klärung der Würze bei. Schließlich führt das Kochen zur Verdampfung des Wassers, die Würze erhält die vorgesehene Konzentration, den sogenannten Stammwürzegehalt.

Die Menge der Vorderwürze wird nun gemessen (Markierung am Kochlöffel), zum Kochen gebracht und 60 bis 90 Minuten (max. 2 Stunden) sprudelnd gekocht. Ein leichtes Sieden reicht nicht aus. Zu Beginn des Kochens sollte man die Würze im Auge behalten, sie neigt jetzt noch leicht zum Überkochen, weil die Eiweißmoleküle noch nicht denaturiert sind und stark aufschäumen. Etwa 10 Minuten nach Kochbeginn wird der Hopfen zugegeben.

Der Topf sollte während des Kochens möglichst nicht abgedeckt werden, damit die Dämpfe gut abziehen können. Würden sie am Deckel kondensieren und in die Würze zurückfließen, könnten die Hopfenöle dem Bier einen unangenehmen, bitteren Geschmack verleihen.

ZU WENIG HITZEZUFUHR?

Sollte Ihr Herd nicht die nötige Energie zum wirklich sprudelnden Kochen aufbringen, können Sie der Einfachheit halber mit einem Tauchsieder nachhelfen.

Kurz vor dem Ende der Kochzeit wird die Menge der Würze nochmals nachgemessen und ein Teil des verdampften Wassers (ca. 1 bis 2 Liter) mit kochendem Brauwasser ergänzt. Je weniger das Volumen der Würze jetzt wieder ergänzt wird, um so dunkler wird das spätere Bier. Im umgekehrten Fall führt die Verdünnung zu einem helleren Bier. Während des Verdünnens auf die etwa bei Kochbeginn vorhandene Menge wird mit der Bierspindel der Stammwürzegehalt gemessen. Die Probe muß wieder auf 20 °C abgekühlt werden (Wasserbad) und je nach Bierrezept einen Extraktgehalt von 10 bis 16 % aufweisen. Davon sind je nach Biertyp 55 bis 70 % vergärbare Substanzen.

Die Hopfenmenge

Die Hopfenmenge hängt vom zu brauenden Biertyp, aber besonders vom persönlichen Geschmack ab. Je stärker gehopft wird, desto herber wird der spätere Biergeschmack ausfallen. Wie bei der Malzmenge kann man auch für den Hopfen keine exakte Dosierung angeben. Die Ausbeute oder Wirkungsweise ist nun einmal, wie bei vielen Naturprodukten, abhängig von der Qualität. Grundsätzlich gilt aber, je vollmundiger ein Bier ist, desto mehr Hopfen sollte als Gegengewicht zur Malzsüße verwendet werden. Für 10 l Bier benötigt man etwa 25–45 g frischen Doldenhopfen oder 20–40 g Hopfenpellets (90er).

Kriterien für die Hopfenmenge

Beurteilung	stärkere Hopfen-zugabe	schwächere Hopfen-zugabe
individueller Geschmack	betonte Bittere	milde Bittere
Bierfarbe, Malzsorte	hell	dunkel
Stammwürze, Extraktgehalt	hoch	niedrig
Vergärungsgrad	hochvergoren	betont malzig
Lagerzeit	lang	kurz

Den Hopfen fügt man wie gesagt 10 Minuten nach dem Kochbeginn der Vorderwürze hinzu. Bei zwei der folgenden Rezepte gibt man nur etwa drei Viertel des Hopfens und etwa 15 Minuten vor dem Kochende den restlichen Hopfen hinein, damit die ätherischen Öle erhalten bleiben und beim Kochen nicht verdampfen.

Hopfenpellets sollten in einem Mörser zerkleinert und in einer Tasse mit etwas Bierwürze angerührt werden, bevor man sie in die Kochwürze rührt. Wird das Bier unter Zusatz von Zucker-couleur zur dunkleren Färbung (siehe Seite 33) gebraut, so wird die Zuckercouleur etwa 30 Minuten vor dem Kochende zugegeben.

5. Ausschlagen (zweites Filtern)

Der Kochtopf wird nun vom Herd genommen und schon einmal in ein kaltes Wasserbad gestellt. Nach dem Kochen ruht die Würze einige Minuten, damit sich die ausgeschiedenen Eiweißstoffe (der Bruch) und Hopfenbestandteile (der Trub) am Topfboden absetzen können. Man nennt die Würze jetzt Ausschlagwürze, die von Bruch und Trub getrennt (ausgeschlagen) werden muß, damit diese später nicht die Hefe bei ihrer Arbeit behindern.

Für die Reinigung Ihrer Brauutensilien! Die Geräte zum Bierbrauen sollten grundsätzlich nicht mit Haushaltsspülmitteln gereinigt werden, sondern nur mit heißem Wasser.

Von nun an muß unbedingt steril gearbeitet werden! Alle Geräte müssen deshalb vor Gebrauch gründlich gereinigt und mit kochendem Wasser sterilisiert werden, weil bei allen weiteren Arbeitsschritten Verunreinigungen durch die in der Luft befindlichen Bakterien oder durch unsaubere Geräte den Erfolg der Arbeit zunichte machen können.

Während die Würze kocht, wird eine frische Baumwoll-Windel durch Auskochen sterilisiert. Die Windel dient als Filter (Hopfenseiher) und kommt zwei- oder vierfach gefaltet in das Küchen- oder Gemüsesieb, das bereits auf einem großen sterilisierten Kochtopf oder Eimer liegt.

Die heiße Würze wird mit einer großen Suppenkelle oder einem Stieltopf vorsichtig abgeschöpft und durch den Filter gegeben. Sie sollte möglichst völlig klar ablaufen. Den Trub der Ausschlagwürze gießt man zum Schluß durch den Filter, zurück bleibt der Hopfentreber als grüne Masse. Dieser Treber enthält

auch noch Würze, die man mit ein oder zwei Kellen sieden-
dem Wasser ausschwemmt. Das Ausschlagen sollte möglichst
zügig geschehen, denn die abkühlende Würze verliert rasch ihre
Sterilität.

Nach dem Ausschlagen gießt man die Würze in den sterilisierten Gärbehälter. Er kann ruhig größer sein als die zu gären-
de Biermenge, damit Platz bleibt für den sich bildenden Gär-
schaum.

Praktisch ist ein Gärbehälter mit großer Öffnung und einem
Abflußhahn, der wenige Zentimeter oberhalb des Bodens an-
gebracht ist, damit beim späteren Umfüllen die auf dem Boden
abgesetzte Hefe im Behälter zurückbleibt.

6. Abkühlen

Der Kühl- und Gärbehälter wird mit einem sauberen Küchenhandtuch abgedeckt, damit in dieser empfindlichen Phase keine
fremden Keime eindringen können. Um einen
befriedigenden Gärverlauf und eine ausrei-
chende Vermehrung der Hefe zu gewährleisten, ist eine Sauerstoffaufnahme der Würze
während der Kühlung sicherzustellen. Der
Behälter sollte deshalb nicht fest verschlossen
und die Würze ab und zu mit einem langen,
sterilisierten Kochlöffel umgerührt werden.
Nun stellt man ihn in das vorbereitete Wasserbad (Wanne) zum Kühlen.

**Die Kühlwirkung
des Wasserbades
kann mit Eiswür-
feln und Kühl-
akkus aus der
Gefriertruhe unter-
stützt werden.**

Durch die abrupte Kühlung werden Eiweißstoffe von der
Würze abgeschieden, man nennt diesen der Klärung des Bieres
dienenden Prozeß Ausfällen. Um die Kühlung zu beschleunigen, wird das kalte Wasser immer wieder ergänzt. Die Würze
soll möglichst schnell, nach etwa 2 Stunden, auf die für das Zugeben der Hefe (Anstellen) vorteilhafte Temperatur abkühlen.

Eine schnelle Kühlung ist besonders in der letzten Phase zwischen 40 und 20 °C hilfreich, weil sich in diesem Bereich besonders gut Bierschädlinge entwickeln können.

In dieser Phase fällt spätestens die Entscheidung, ob ein ober- oder ein untergäriges Bier zubereitet werden soll. Bei der Zugabe der Hefe im nächsten Schritt kommt es nämlich darauf an, welche Hefe verwendet wird und welche Anstell- und Gärtemperatur sie benötigt:

Obergärige Hefe benötigt 15–21 °C.
Untergärige Hefe benötigt 4–10 °C.

7. Hauptgärung

Die alkoholische Gärung des Bieres wird durch die Umwandlung von Malzzucker in gleiche Teile Alkohol und Kohlensäure mit Hilfe der Lebenstätigkeit (Zellteilung) von Hefe erreicht. Bei diesem Vorgang produziert die Hefe Enzyme, die die Gärung steuern. Für die Bierbrauerei verwendet man verschiedene Hefearten und -stämme.

Sobald die Würze die vorgesehene Gärtemperatur erreicht hat – sie heißt jetzt Anstellwürze –, wird die vorbereitete Hefelösung zugegeben (angestellt) und durch gründliches Rühren belüftet. Nach dem Anstellen wird die Bierwürzespindel in die Würze gestellt und der Gärbehälter sofort abgedeckt. Für obergäriges Bier reicht ein sauberes Küchenhandtuch. Untergäriges Bier ist empfindlicher und sollte fast luftdicht mit dem Deckel, aber nicht völlig verschlossen werden, da noch Kohlendioxid entweichen muß.

Wir arbeiten immer noch absolut steril, denn Bier ist besonders zu Beginn des Gärprozesses anfällig für Fremdorganismen wie Wildhefen, verschiedene Bakterien und Pilze, weil diese unter den gleichen Bedingungen gedeihen wie die Bierhefe. Diese Organismen können das Bier jetzt in Geschmack und Haltbarkeit erheblich schädigen oder sogar verderben.

Lagerung bei der Hauptgärung

Der Gärbehälter wird an einen geeigneten Platz mit möglichst konstanter Temperatur gestellt. Der Hobbybrauer hat bei der Herstellung von obergärigem Bier das ganze Jahr über keine Probleme, weil die Hefe etwa bei Zimmertemperatur arbeitet. Anders sieht es beim untergärigen Bier aus. Benötigt wird ein kühler Keller oder ein Kühlschrank. Natürlich kann das untergärige Bier auch wie in alten Zeiten nur bei Außentemperaturen von 0 bis 10 °C gebraut werden. Ist die Gärtemperatur höher, verläuft die Gärung eher obergärig.

Die konstante Einhaltung der jeweils optimalen Gärtemperatur ist ebenfalls wichtig. Temperaturschwankungen sollten deshalb vermieden werden. Zu hohe Temperaturen beschleunigen zwar die Gärung, destabilisieren aber die Schaumkrone und produzieren ein trübes, bitteres Bier.

Ist die Temperatur dagegen zu niedrig, wird die Gärung verzögert oder die Hefezellen werden vielleicht gar nicht erst aktiv. In diesem Fall sollte man die Gärtemperatur um einige Grad erhöhen. Dies ist auch bei Trockenhefen ratsam, falls sich herausstellt, daß sie bei niedrigen Temperaturen nicht arbeitswillig sind.

Gärdauer

Die Dauer der Gärung ist auch wieder abhängig von der Bierart; obergäriges Bier vergärt wegen der höheren Temperatur etwas schneller. Im ersten, stürmisch verlaufenden Stadium jeder Gärung werden stickstoffhaltige Verbindungen ausgeschieden, und es bildet sich nach etwa 12 Stunden eine cremig-weiße Schaumschicht auf der Würze. Sie zeigt an, daß die Umwandlung im Jungbier begonnen hat, die Gärung „kommt an". Es passiert äußerst selten, daß die Hefe nach einem Tag noch nicht reagiert. In diesem Fall sollte man sichergehen und einen neuen Hefeansatz einrühren.

Die Hauptgärung im Überblick

Bierart	Gärtemperatur	Dauer der Hauptgärung
Obergäriges Bier	15–21 °C	4–8 Tage
Untergäriges Bier	4–10 °C	6–10 Tage

Nach zwei bis drei Tagen entwickeln sich immer dickere Schaumgebirge, die Kräusen. Dieser Schaum schützt das Jungbier vor Verunreinigungen aus der Luft. Auf den Kräusen zeigen sich bald braune Flächen, die von den Hopfenölen in Verbindung mit Sauerstoff gebildet werden. Nach einigen weiteren Tagen fallen die Kräusen auf dem Jungbier in sich zusammen. Bei untergärigem Bier setzt sich die Hefe am Boden des Gärgefäßes nach und nach ab. Die Hauptgärung ist nun beendet, die Bierspindel zeigt jetzt einen Extraktgehalt von 4 bis 5 % an.
Bei der Obergärung steigen die Hefezellen während der gesamten Gärung an die Oberfläche des Jungbieres und entwickeln schmierig-braune Flächen auf den Kräusen. Diese Hefeflecken sollten während der Gärung täglich mit einem Löffel abgenommen werden, damit das Bier keinen hefestichigen Geschmack bekommt. Bei dieser Gelegenheit wird das Bier mit einem langen Kochlöffel durchgerührt, um es zu belüften. Obergärige Hefen arbeiten unter Sauerstoffzufuhr besser. Bei untergärigem Bier ist das Belüften nicht notwendig und das Öffnen des Gärbehälters auch nicht ratsam, weil Fremdkeime eindringen könnten.
Sobald die Kräusen zusammenfallen, die Hauptgärung also beendet ist, kann man beobachten, wie viele kleine Gasbläs-

chen aufsteigen: die Kohlensäure. Nun wird der Schaum, bevor er auf den Boden sinken kann, mit der Schaumkelle abgeschöpft. Vorher sollte mit der Bierspindel überprüft werden, ob genügend vergärbarer Zucker in Alkohol umgewandelt worden ist.

Man unterscheidet vergärbaren und nicht vergärbaren Extraktanteil. Der nicht vergärbare Restextrakt kann von der Hefe nicht verarbeitet werden und bleibt als meßbarer Anteil im Jungbier enthalten. Bei einem Restextrakt von 4 bis 5 % ist der vergärbare Zucker im wesentlichen abgebaut, und die Hauptgärung ist abgeschlossen. Liegt der Wert höher, sollte das Jungbier noch etwas weitergären. Vor dem Messen ist es ratsam, das Jungbier im Meßzylinder kräftig zu schütteln, damit sich an der Bierspindel keine Kohlensäurebläschen festsetzen, die die Bierspindel nach oben treiben und das Meßergebnis verfälschen können. Auch hier muß die Probe eine Temperatur von 20 °C haben.

Im Prinzip kann man sich aber auch auf eine Geschmacksprobe verlassen. Bei der Verkostung der Probe zeigt ein guter Biergeschmack an, daß die Hauptgärung beendet ist. Bei einem süßen Geschmack kann das Jungbier noch etwas gären.

Alkoholgehalt

Wer auch noch den Alkoholgehalt seines Bieres erfahren möchte, kann ihn nach der folgenden Formel ausrechnen: Würzgehalt vor der Gärung minus Würzgehalt nach der Gärung geteilt durch zwei.

Beispiel: Der Stammwürzgehalt der Anstellwürze beträgt 11 %, nach der Gärung verbleiben 3 % Restextrakt. Der Alkoholgehalt liegt bei 4 % (11 − 3 = 8 : 2 = 4 %), das entspricht ca. 5 Volumenprozent Alkohol.

8. Nachgärung und Klärung

Bei der Nachgärung werden die restlichen Kohlenhydrate vergoren, das Jungbier reichert sich mit Kohlensäure an und reift bis zur geschmacklichen Vollendung aus.

Während der Nachgärung und der Lagerung erfolgt auch eine natürliche Klärung des Bieres. Die restliche Hefe sinkt in dieser Zeit nach unten, zieht trübende Bestandteile wie Eiweißstoffe oder Hopfenharze mit sich und lagert sich als Sediment am Boden ab.

Schlauchen

Das Jungbier wird aus dem Gärgefäß mit einem passenden Abfüllschlauch, der einfach über den Abflußhahn des Gärgefäßes geschoben wird, in das Nachgärgefäß umgefüllt.

Dieses sogenannte Schlauchen sollte so schaumfrei wie möglich erfolgen, weil ansonsten zuviel Kohlensäure entweicht, wodurch die Bierqualität beeinträchtigt wird. Den Schlauch deshalb immer bis zum Boden des Nachgärgefäßes einführen.

Wichtig ist, daß der Hefesatz auf dem Boden des Gärbottichs verbleibt und beim Schlauchen nicht aufgewirbelt wird. Er gelangt sonst in das Nachgärgefäß und kann später den Biergeschmack beeinträchtigen. Ein kleiner Teil der Hefe wird beim Schlauchen automatisch mitgenommen.

Die Kohlensäure, mit der sich das Jungbier in der Nachgärungsphase anreichert, macht das Bier haltbarer und ist ferner für die Schaumbildung und die Frische beim späteren Einschenken von Bedeutung.

Die Hefe sorgt dafür, daß die Nachgärung in Gang kommt. Auch in diesem Stadium kommt es immer noch auf steriles Arbeiten an. Alle Geräte müssen deshalb vor Gebrauch gründlich sterilisiert werden.

Tip für den Hobbybrauer

Die Nachgärung kann in einem speziellen Gärgefäß erfolgen. Gut geeignet ist ein PE-Kunststoffbehälter mit Überdrucksicherheitsventil. Diese Gärbehälter haben oft ein schwimmendes Abnehmersystem, mit dem das Bier von der Oberfläche über einen Auslaufhahn abgezapft werden kann. Einige Fässer sind sogar mit einem Kohlendioxid-Einspritzventil ausgestattet, die eine CO_2-Patrone aufnehmen.

Die Nachgärung in Flaschen wird von den meisten Hobbybrauern auch aus Kostengründen bevorzugt. Die Bierflaschen müssen vor dem Abfüllen gründlich gereinigt und im Backofen bei langsam ansteigender Temperatur auf 110 bis max. 150 °C sterilisiert werden. Sie sollten auf einem Rost liegen und weder die Backofenwände berühren noch untereinander Kontakt haben, damit Glasbruch vermieden wird. Vor dem Erhitzen muß der Dichtgummi des Bügelverschlusses natürlich abgenommen und in etwas kochendem Wasser ebenfalls sterilisiert werden. Morsche Gummis unbedingt durch neue ersetzen. Die abgekühlten Flaschen dürfen nur zu 90 bis 95 % gefüllt werden, damit etwas Luftraum zur Aufnahme des Kohlensäuredruckes bleibt.

Naturtrübes oder klares Bier

Beim Schlauchen fällt die Entscheidung, ob ein naturtrübes oder ein klares Bier bevorzugt wird. Weil die meisten Verbraucher angeblich ein klares Bier wünschen, setzen die Brauereien spezielle Filteranlagen und Schönungsmittel ein. Eigentlich wird das Bier damit zum Nachteil verändert, weil Nährstoffe, Farb- und Geschmackskomponenten verlorengehen. Dem Hobbybrauer stehen die aufwendigen Filtriermöglichkeiten einer Brauerei natürlich nicht zur Verfügung. Ein Trichter mit einem Papier-

Kaffeefilter ist zwar geeignet, er muß aber öfter gewechselt werden, weil er sonst schnell verstopft. Der größte Nachteil dieses Filterverfahrens ist aber ein weitgehender Verlust an Kohlensäure im Bier. Da bessere Filtermöglichkeiten bisher auch nicht bekannt sind, sollte man lieber auf ein klares Bier verzichten. Ein nahrhaftes Bier war früher zweifellos naturtrüb und ist auch heute immer vorzuziehen, weil es noch die wertvollen, an die Hefezellen gebundenen B-Vitamine enthält.

Nach dem Schlauchen werden die Flaschen sofort verschlossen. Nachgärfässer ohne Überdrucksicherheitsventil werden mit einem Gärröhrchen (siehe Skizze Seite 80), das in einen Gummistopfen gesteckt wird, von der Luft abgeschlossen. Über das halb mit Wasser gefüllte Gärröhrchen können die bei der Gärung entstehenden Kohlendioxid-Gase entweichen, ohne daß umgekehrt Fremdkeime eindringen können. Wer sich für diese Art der Nachgärung entscheidet, muß später allerdings das fertige Bier dennoch auf Flaschen ziehen oder in ein Faß umfüllen. Die direkte Nachgärung in der Flasche ist letztlich vorteilhafter.

Lagerung des Bieres

Gelagert wird das Bier nun in dunkler Umgebung bei möglichst konstanter Temperatur. Obergäriges Bier wird nach drei bis vier Tagen im Keller oder im Kühlschrank bei 10–12 °C gelagert. Untergäriges Bier stellt man sofort in den Kühlschrank. Die optimale Temperatur liegt bei 2 °C.

Bei der Nachgärung in Flaschen müssen diese unbedingt nach 12 bis 18 Stunden sowie in den ersten zwei bis drei Tagen täglich einmal ganz kurz entlüftet werden, damit der hohe Kohlendioxid-Druck entweichen kann. Die Flaschen müssen stehend gelagert werden, damit sich die trübenden Bestandteile während der Nachgärung am Flaschenboden absetzen können (Sediment).

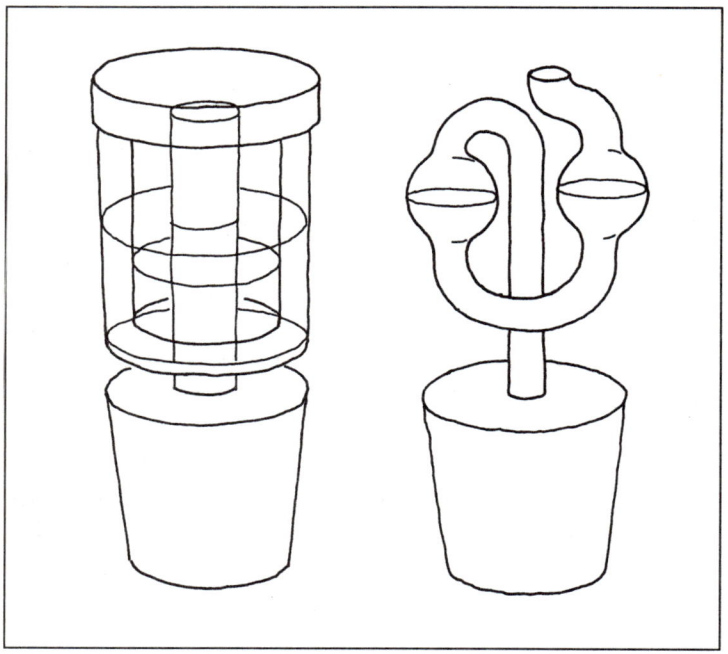

Skizze von zwei verschiedenen Gärröhrchen

Nach einer Lagerzeit von insgesamt zwei bis zwölf Wochen nach Abschluß der Hauptgärung hat das Bier seine vollendete Reife und Klärung erreicht und ist trinkfertig. Als Faustregel gilt, je mehr Alkohol das Bier hat, um so länger dauert die Reifung. Wer es aber kaum erwarten kann, sein selbstgebrautes Bier zu trinken, darf nach zwei bis vier Wochen eine Kostprobe nehmen. Sollte diese noch nicht zufriedenstellend ausfallen, läßt man das Bier weiter ruhen. Oft braucht es eben mehr Zeit und der Brauer Geduld, bis das Bier wirklich gut schmeckt. Besonders bei hellen Bieren führt eine längere Lagerung zu einem ausgereifteren Geschmack.

Tip für den Hobbybrauer

Es kommt nur selten vor, daß ein korrekt gemaischtes und gelagertes Bier während der Nachgärung zuwenig Kohlensäure erzeugt. Sollte dies nach 14 Tagen der Fall sein, war vermutlich die Hauptgärung bereits zu weit fortgeschritten, denn der Zucker ist bereits vollständig in Alkohol umgesetzt. Die Folge ist u. U. ein schales, fast schaumloses Bier. Um dies zu korrigieren, fügt man der Nachgärung etwas Zucker zu (was allerdings nicht dem Reinheitsgebot entspricht). So kommt die Gärung und die Produktion von Kohlensäure wieder in Gang.

Die Zuckermenge beträgt pro Liter Bier höchstens einen halben Teelöffel. Es sollte keinesfalls eine größere Zuckermenge zugesetzt werden, da ansonsten die Flaschen durch den hohen CO_2-Druck leicht explodieren und zu gefährlichen Verletzungen führen könnten.

DER RICHTIGE GENUSS

Es ist ratsam, seinen Biervorrat innerhalb von etwa sechs Wochen nach Abschluß der Nachgärung aufzubrauchen, denn in dieser Zeit ist der Geschmack am besten; danach nimmt er etwas ab. Generell sollte man selbstgebrautes Bier aber nach etwa zwei bis drei Monaten verbraucht haben.

Die Trinktemperatur des Bieres ist natürlich eine Geschmackssache. Helle untergärige Biere vergären bei 7–10 °C und werden normalerweise auch bei dieser Temperatur getrunken, damit sich die Würze entfalten kann. Obergärige Biere dagegen werden zur Entwicklung ihres vollen Aromas mit einer Trinktemperatur von 12–15 °C serviert. Damit sich diese Temperaturen

Die acht Phasen im Überblick

1. Vorbereitungen	– Ggf. Enthärtung von 20 Litern Wasser – Malz gleichmäßig grob schroten – Geräte reinigen bzw. sterilisieren – Trockenhefe ansetzen (siehe Seite 61)
2. Maischen	– Zum Einmaischen 7–10 Liter Brauwasser je nach Rezept auf 35–50 °C erhitzen und das Malzschrot (Richtmenge 2–3 kg, je nach Rezept) ca. 20 Min. einrühren. – Für die Eiweißrast die Temperatur pro Minute um 1 °C auf 47–55 °C (öfter rühren) erhöhen und 60 Min. lang konstant halten, gelegentlich umrühren. – Für die Maltoserast schrittweise um 1 °C je Minute weiter auf 63–65 °C erhitzen (ständig rühren); diese Hitze 40–60 Min. konstant halten, gelegentlich umrühren. – Für die Verzuckerungsrast wieder die Temperatur pro Minute um 1 °C auf 72–75 °C erhöhen (Rühren) und 40–60 Min. rasten lassen, gelegentlich umrühren. – Die Jodprobe durchführen (siehe Seite 65). – Je nach Rezept noch einmal auf 75–78 °C erhitzen und diese 10–15 Min. halten.
3. Abläutern (erstes Filtern)	– 10 Liter Brauwasser auf knapp 80 °C erhitzen. – Die Würze oder wahlweise die Maische zuerst in den Filter geben. – Die abgeläuterte, klare Würze in den ausgespülten Kochtopf zurückgeben und auf Kochtemperatur erhitzen. – Je nach Rezept 7–10 Liter Brauwasser (78 °C) als Nachguß nach und nach über die im Filter befindliche Maische geben. – Die so gewonnene Würze ebenfalls in den Kochtopf geben. – Mit der Bierspindel den Würzgehalt prüfen (ggf. Brauwasser zum Verdünnen nachgießen, wenn der Würzgehalt den im Rezept angegebenen Extraktgehalt übersteigt).
4. Würze kochen und Hopfenzugabe	– Die Würze mit voller Kraft erhitzen und 60–90 Min. (max. 2 Std.) sprudelnd kochen.

	– Würzmenge abmessen (Markierung am Koch-löffel). – 10 Min. nach Kochbeginn den Hopfen zugeben (Menge oder Teilmengen siehe Seite 70). – Würzmenge erneut abmessen und den ver-dampften Wasseranteil wieder ersetzen. – Mit der Bierspindel den Stammwürzegehalt ab-messen. (Je nach Rezept sollten 10–16 % Ex-traktgehalt ausgewiesen werden.) – Baumwollfilter auskochen (sterilisieren).
5. Ausschlagen (zweites Filtern)	– Von nun an steril arbeiten! – Den Kochtopf mit der Würze vom Herd nehmen und einige Minuten ruhen lassen, ggf. in ein kal-tes Wasserbad stellen. – Die Würze durch den Filter geben und anschlie-ßend in den sterilen Gärbehälter umfüllen.
6. Abkühlen	– Den Gärbehälter abdecken und ihn in ein kaltes Wasserbad zum Kühlen stellen; evtl. Eiswürfel zugeben.
7. Hauptgärung	– Nach Erreichen der Gärtemperatur (siehe Seite 73) die vorbereitete Hefelösung zugeben und gut umrühren. – Die Bierwürzespindel in die Würze stellen und den Gärbehälter abdecken. – Für die Hauptgärung den Behälter an einen Platz mit konstanter Temperatur stellen (Dauer und Temperatur siehe Seite 75). – Mit der Bierspindel den Extraktgehalt prüfen (bei 4–5 % ist die Hauptgärung abgeschlossen). – Den Gärschaum entfernen.
8. Nachgärung und Klärung	– Das Bier aus dem Gärbehälter mittels eines Schlauches in ein Nachgärgefäß umfüllen oder in Flaschen geben. – Das Bier zur Nachgärung dunkel bei konstanter Temperatur (siehe Seite 79 zwei bis zwölf Wo-chen lagern.

Anmerkung des Autors: Diese Übersicht dient (sozusagen als Checkliste) nur der Orientierung und ersetzt keinesfalls die in den jeweiligen Textpassagen zu beachtenden Erläuterungen und notwendigen Einzelhinweise!

auch im Glas einstellen, liegt die Kühltemperatur um etwa 2 °C niedriger.

Getrunken wird das selbstgebraute Bier aus Biergläsern oder Krügen. Falls naturtrübes Bier ein Problem ist, benutzt man für helle Biere am besten Steinkrüge. Bei den Dunkelbiersorten kann man die Trübung kaum sehen. Krüge wie Gläser müssen sauber und fettfrei sein. Haushalts-spülmittel sind zur Reinigung nur bedingt geeignet, weil sie die schöne Schaumkrone des Bieres beeinträchtigen. Den gleichen Effekt haben auch geringe Fettreste im Glas. Aus diesem Grund dieselben Gläser nicht zum Milchtrinken verwenden und sie auch nicht in der Küche aufbewahren, wo sich der Kochdunst niederschlagen kann. Es empfiehlt sich, auch ein sauberes Glas (oder ein mit Spülmittel gereinigtes) vor dem Einschenken gründlich mit kaltem Wasser auszuspülen. Ein gekühltes Glas bekommt dem Bier einfach besser.

Biergläser nach Möglichkeit der Schaumbildung des Bieres zuliebe nicht mit Spülmittel reinigen!

Auch das korrekte Einschenken ist keinesfalls unwichtig, weil dabei ein Kohlensäureverlust vermieden werden soll. Das Bier soll weder ins Glas klatschen noch plätschern. Das Glas wird gerade und die Flasche im rechten Winkel dazu, wenige Zentimeter über dem Glas, gehalten. Wer aus dem Faß einschenkt, hält das Glas leicht schräg. Eingegossen wird zügig in der Mitte des Glases, so lange, bis der Schaum den Glasrand fast erreicht hat. Nach einer Minute hat sich der Schaum abgesetzt, und das Glas kann bis zu einer schönen Schaumkrone nachgefüllt werden. Obergäriges Bier wird schnell gezapft, untergäriges dagegen langsam mit mehrmaligem Absetzen.

BIERREZEPTE

Ein uraltes „Hausfrauen-Lexikon" enthält ein sehr schlichtes Bierrezept, das dem Leser hiermit weitergegeben werden soll:

> *Acht Pfund brauner Zucker werden mit einem Eimer Wasser (zehn Liter) und einem Pfund frischen Hopfenblüten eine halbe Stunde lang gekocht. Danach seiht man die Flüssigkeit durch, läßt sie auf Zimmertemperatur abkühlen und gibt sie zusammen mit einem Päckchen frischer Bierhefe in einen Gärballon. Dann läßt man das Bier acht Tage gären, auch länger, denn es wird täglich besser.*

Dieses einfache „Hopfenbier" schmeckt zwar nicht schlecht, ein bißchen nach Hopfen, ein bißchen nach Hefe und auch nach Bier. Der Leser mag selbst entscheiden und vielleicht einmal eine kleine Menge aus 500 g Zucker und drei Litern Wasser mit Bierhefe (oder Backhefe) ansetzen. Wer aber ein „richtiges" Bier brauen möchte, wird sich an die folgenden Rezepte (siehe Seite 87) halten.

Beim ersten Brauversuch empfiehlt es sich, mit den Rezepten für obergäriges Bier zu beginnen, weil dieser Biertyp etwas einfacher herzustellen ist und besonders beim Gärprozeß mit normalen Zimmertemperaturen gearbeitet werden kann. Alle Rezepte entsprechen bis auf die Zugabe von Zucker im wesentlichen dem deutschen Reinheitsgebot und beziehen sich auf etwa zehn Liter fertiges Bier.

Bei den vier vorgeschlagenen Bierrezepten wird zunächst die Menge der Zutaten angegeben. Anschließend werden die für den jeweiligen Biertyp wichtigsten Merkmale des Brauprozesses genannt. Alle Rezepte sind immer im Zusammenhang mit dem vorherigen Abschnitt „Die acht Phasen der Bierherstellung" (siehe Seite 59 ff. und 82 f.) zu lesen, in dem detaillierte Erläuterungen zu den einzelnen Arbeitsschritten beim Brauen gemacht werden.

Die Bezeichnung des Biertyps (Alt, Kölsch, Export) bei den Rezepten ist als Orientierung insbesondere hinsichtlich der Geschmacksrichtung zu verstehen. Der Hobbybrauer sollte deshalb nicht erwarten, ein ihm unter dieser Bezeichnung bekanntes Bier identisch nachbrauen zu können. Die Braubedingungen sind zu Hause nun einmal andere als in der Brauerei. Darum wird das selbstgebraute Bier wohl auch etwas anders schmekken, aber nicht unbedingt schlechter oder von minderer Qualität sein als ein gekauftes. Die erste Kostprobe ist deshalb immer spannend. Man weiß vorher nie genau, welche Geschmacksfeinheiten herauskommen.

Ein großer Vorteil des Selbstbrauens besteht ja schließlich darin, den Biergeschmack nach den individuellen Vorlieben beeinflussen zu können. Aus diesem Grund verstehen sich die angegebenen Zutatenmengen als Richtschnur. Und auch der Brauvorgang muß nicht haargenau nach den zuvor angegebenen acht Phasen erfolgen. Er kann vielmehr den jeweiligen Bedingungen angepaßt und variiert werden. Dies betrifft insbesondere folgende Punkte:

- Die Wasserhärte bestimmt bereits den zu brauenden Biertyp. Grundsätzlich kann man mit fast jeder Wasserhärte ein akzeptables Bier brauen, es gelingt aber besser, je weicher das Wasser ist.

- Ist das Brauwasser härter als im Rezept angegeben, sollte die Menge des Hopfens etwas vermindert werden.

- Die Brauereien setzen für die jeweilige Biersorte ein spezielles Malz ein. Bei der Beschaffung der Rohstoffe wird der Hobbybrauer diese Auswahl kaum haben. Er kann aber auf die am Rezeptende aufgeführten Alternativen ausweichen oder mit verschiedenen Zusammenstellungen experimentieren und sich so an seinen Lieblingsgeschmack heranarbeiten.

- Der Stammwürzegehalt ist neben dem Sudverfahren vor allem abhängig von der Ausbeute der Schüttung. Je nach Gerstensorte und Mälzverfahren kann die Ausbeute des Malzes bei gleicher Schüttung unterschiedlich sein. Die im Rezept angegebenen Malzmengen sollten deshalb bei zu geringer Stammwürze etwas erhöht bzw. bei zu hoher Stammwürze vermindert werden.

■ Daneben kann die Ausbeute durch eine Veränderung von Hauptguß und Nachguß beeinflußt werden, wobei ein geringerer Hauptguß und ein höherer Nachguß die Ausbeute verbessert. Eine genaue Angabe der Wassermenge ist nicht möglich. Vorbereitet werden sollte immer etwas zuviel Brauwasser, um z. B. die Temperatur während des Maischens schnell regulieren zu können.

Bierrezept 1	Dunkles Vollbier Typ Alt / obergärig
Zutaten:	
Gerstenmalz (geschrotet)	2 kg, dunkel (zusätzlich evtl. 100 g Weizenschrot)
Hopfen	20–40 g Pellets (90er)
Bierhefe	4–7 g obergärige Trockenhefe
Wasserhärte	auch hartes Wasser ist verwendbar
Brauvorgang:	
Hauptguß	7–8 l, 55 °C
Einmaischen	20 Min., 50 °C
Eiweißrast	60 Min., 47–55 °C
Verzuckerung:	
– Beta-Amylase (Maltoserast)	40 Min., 65 °C
– Alpha-Amylase (Verzuckerung)	40 Min., 72–74 °C
Abläutern	zuerst den Treber, dann die Würze in den Filter
Nachguß	9–10 l
Würzegehalt	11–12 %
Würze kochen	60–90 Min.
Hopfenzugabe	¾ vor Kochbeginn, ¼ ca. 15 Min. vor Kochende
Abkühlen	15 °C
Hauptgärung	obergärig, 4–6 Tage, 10–16 °C
Lagerzeit bis zur Trinkreife	2–8 Wochen
Alternativen	Falls kein dunkles Malz erhältlich ist, nehme man: 2 kg helles Malz, 100 g Farbmalz, 300 g Karamelmalz, 0,2 l Zuckercouleur

Bierrezept 2	Helles Vollbier Typ Kölsch / obergärig
Zutaten:	
Gerstenmalz (geschrotet)	2,5 kg, hell
Hopfen	30–40 g Pellets (90er)
Bierhefe	4–7 g obergärige Trockenhefe
Wasserhärte	auch hartes Wasser ist verwendbar
Brauvorgang:	
Hauptguß	9–10 l, 40 °C
Einmaischen	20–30 Min., 35 °C
Eiweißrast	60 Min., 52 °C
Verzuckerung:	
– Beta-Amylase	40 Min., 65 °C
(Maltoserast)	
– Alpha-Amylase	40 Min., 72 °C
(Verzuckerung)	15 Min., 78 °C
Abläutern	zuerst die klare Würze, dann den Treber in den Filter
Nachguß	7–8 l
Würzegehalt	11–12 %
Würze kochen	90 Min.
Hopfenzugabe	vor Kochbeginn
Abkühlen	13 °C
Hauptgärung	obergärig, 5–8 Tage, 10–14 °C
Lagerzeit bis zur Trinkreife	3–8 Wochen
Alternativen	Mischung aus: 2 kg helles Gerstenmalz, 400 g Weizenmalz

Bierrezept 3	Dunkles Starkbier Typ Landbier / obergärig
Zutaten:	
Gerstenmalz (geschrotet)	3 kg, dunkel (zusätzlich 500 g Malzextrakt)
Hopfen	20–30 g Pellets (90er)
Bierhefe	4–7 g obergärige Trockenhefe
Wasserhärte	weich bis mittelhart
Brauvorgang:	
Hauptguß	7–8 l, 60 °C
Einmaischen	20 Min., 50 °C
Eiweißrast	60 Min., 47–55 °C
Verzuckerung:	
– Beta-Amylase (Maltoserast)	40 Min., 65 °C
– Alpha-Amylase (Verzuckerung)	40 Min., 72 – 74 °C
Abläutern	zuerst den Treber, dann die Würze in den Filter
Nachguß	9–10 l
Würzegehalt	16–17 %
Würze kochen	60 Min., Malzextrakt vor dem Kochen zugeben
Hopfenzugabe	vor Kochbeginn
Abkühlen	15 °C
Hauptgärung	obergärig, 5–8 Tage, 16 °C
Lagerzeit bis zur Trinkreife	2–8 Wochen
Alternativen	Falls kein dunkles Malz erhältlich ist, nehme man: 3 kg helles Malz, 500 g Malzextrakt, 0,3 l Zuckercouleur

Bierrezept 4	Helles Vollbier Typ Export / untergärig
Zutaten:	
Gerstenmalz (geschrotet)	2 kg, hell (zusätzlich evtl. 200 g Karamelmalz)
Hopfen	20–30 g Pellets (90er)
Bierhefe	4–7 g untergärige Trockenhefe
Wasserhärte	sehr weich bis weich
Brauvorgang:	
Hauptguß	9–10 l, 55 °C
Einmaischen	20 Min., 50 °C
Eiweißrast	60 Min., 50–52 °C
Verzuckerung:	
– Beta-Amylase (Maltoserast)	60 Min., 63 °C
– Alpha-Amylase (Verzuckerung)	40–60 Min., 72–75 °C 15 Min., 75–76 °C
Abläutern	zuerst die klare Würze, dann den Treber in den Filter
Nachguß	7–8 l
Würzegehalt	10–13 %
Würze kochen	60–90 Min.
Hopfenzugabe	³/₄ vor Kochbeginn, ¹/₄ ca. 15 Min. vor Kochende
Abkühlen	8 °C
Hauptgärung	untergärig, 6–10 Tage, 1–6 °C
Lagerzeit bis zur Trinkreife	3–12 Wochen

KAPITEL IV
Die Unterscheidung unserer Biere

Biergattungen und Stammwürzegehalt

Die Unterscheidung der Biergattungen wurde durch das Biersteuergesetz bestimmt, das 1990 von der Bierverordnung abgelöst wurde. Dabei werden die Biere je nach Stammwürzegehalt eingeteilt. Der Stammwürzegehalt, der mit der Bierwürzespindel gemessen wird, gibt das spezifische Gewicht der Würze vor dem Gärprozeß in Prozent (relative Dichte) im Vergleich zu Wasser (= 0 %) an. Beispielsweise enthält ein Bier mit einem Stammwürzegehalt von 12 % – soviel haben etwa die meisten Pils-Typen – pro 100 g einen Anteil von 12 g gelöster Stoffe, der Rest (88 g) ist Wasser.

Biergattungen und deren Stammwürzegehalt

Biergattung	Marktanteil	Stammwürzegehalt
Einfachbier	0,1 %	unter 7 %
Schankbier	5,0 %	7–11 %
Vollbier	93,9 %	11–16 %
Starkbier	1,0 %	über 16 %

Mit dem Alkoholgehalt des Bieres hat der Stammwürzegehalt nichts zu tun, weil die unvergorene und bis zu diesem Zeitpunkt noch alkoholfreie Anstellwürze gemessen werden soll. Sie besteht aus Wasser, vergärbarem Malzzucker und einigen unvergärbaren Stoffen (Eiweißstoffe, Vitamine, Mineralien, Aromastoffe). Erst wenn der Anstellwürze die Hefe zugegeben wird –

der Brauer nennt das Anstellen –, wird die Vergärung des Zuckers und die Bildung von Alkohol und Kohlensäure ermöglicht. Bei der Vergärung wird der Extraktgehalt des vergärbaren Zuckers entsprechend abgebaut.

Der Anteil von vergärbarem Zucker und unvergärbaren Stoffen in der Bierwürze wird durch die Art des Brauprozesses entschieden. Beispielsweise hat ein Bier mit einem Stammwürzegehalt von 12 % nach dem Gärprozeß noch ungefähr 3 bis 4 % Extraktgehalt, und der vergärbare Zucker ist in einen Alkoholgehalt von etwa 4 Gewichtsprozent sowie in Kohlensäure umgewandelt worden. In der Regel macht der Alkoholgehalt des Bieres nach Abschluß der Gärung etwa ein Drittel bis ein Viertel des ursprünglichen Stammwürzegehaltes der Anstellwürze aus.

> **Als Faustregel kann gelten: Ein Drittel bis ein Viertel des Stammwürzgehaltes ergibt später den Alkoholgehalt des Bieres.**

BIERARTEN UND HEFE

Man unterscheidet obergärige und untergärige Bierarten, je nach Art der verwendeten Bierhefe.

Obergärige Biere sind Altbier, Kölsch, Weizenbier und Malzbier. Bei der Herstellung dieser Biere wird eine Heferasse verwendet, die sich während der Gärung an der Oberfläche des Jungbieres absetzt, weil sie leichter als das Bier ist. Diese Hefe entwickelt während der Gärung ihre beste Wirkung bei einer Temperatur von 15–21 °C, also bei normaler Zimmertemperatur. Aus diesem Grund konnte früher dieses Bier, im Gegensatz zum untergärigen Bier, während des ganzen Jahres, also auch im Sommer gebraut werden.

Der größte Teil unserer Biere ist untergärig, wie Pils, Export, Bock und Märzen. Sie haben einen Marktanteil von fast 85 %. Untergärige Hefearten arbeiten bei Temperaturen von 4–10 °C und setzen sich am Boden des Gärbehälters ab, weil sie schwerer als die Sudflüssigkeit sind. Da man das untergärige Bier vor Erfindung der Kältemaschine 1873 nur in der kalten Jahreszeit brauen konnte, galt es als Winterbier. Untergäriges Bier ist meist stärker durchgegoren und läßt sich etwas länger lagern als das obergärige.

BIERTYPEN UND BIERSORTEN

Die verschiedenen Biertypen werden nach den Städten benannt, in denen sie sich entwickelt haben: Dortmund, München, Pilsen, Wien. Die Unterschiede werden im wesentlichen bestimmt von den örtlichen Wasserverhältnissen, den lokalen Gerstensorten sowie von überkommenen Malz- und Maischverfahren. Diese Verfahren wurden z. B. auf die jeweilige Wasserhärte abgestimmt. Dortmund hatte hartes, München mittelhartes und Pilsen sehr weiches Wasser. Bedeutende Unterschiede haben diese Biertypen auch hinsichtlich der verwendeten Hopfenmenge, also der Bittere und dem Vergärungsgrad.

Vor allem die Qualität des Brauwassers sowie die verwendete Hopfenmenge, die lokale Gerstensorte und das traditionelle Malz- und Maischverfahren bestimmen den Biertyp.

Untergärige Sorten

Die Vielfalt unserer Biersorten und -marken ist riesig. Es gibt schätzungsweise 4000 bis 5000 verschiedene Erzeugnisse. Die wichtigsten untergärigen Biersorten sind Pils, Export, Lager, Bockbier und Märzen. Das beliebteste untergärige Bier ist das Pils, ein Abkömmling des bekannten Pilsener Urquells aus der böhmischen Stadt Pilsen. Es hat einen Marktanteil von 64 %. Beim Exportbier (Marktanteil 9 %) handelt es sich um eine Biersorte, die sich früher einfacher transportieren ließ, ohne dabei

Deutsche Biersorten im Überblick

BIERGATTUNG Biersorte	Stammwürze-gehalt in %	Bierart		Alkoholgehalt in %	Kennzeichen, Geschmack, Besonderheiten
		unter-gärig	ober-gärig		
Einfachbier	2–5,5			0,5–1,5	Hell oder dunkel, dünn, ohne ausgeprägten Charakter
Schankbier Malzbier/ Malztrunk	7–11 7		X	0,5–3 0,5–1,5	Dunkel, vollmundig, malzaromatisch, süß (ohne Zuckerzusatz nur in Bayern und Baden-Württemb.)
Berliner Weiße	7–8		X	2,6–3,25	Hell, schwach gehopft, viel Kohlensäure; herge-stellt aus Gersten- und Weizenmalz sowie natürli-chen Milchsäurebakterien. Zur Abschwächung der Säure trinkt man die Weiße mit etwas Himbeer- oder Waldmeistersirup.
Alkoholfreies Bier	7,5	X		max. 0,5	Hell, kein ausgeprägter Charakter
Alkoholarmes Bier	7,5	X		max. 1,5	Hell, kein ausgeprägter Charakter
Weitere Sorten: Braunbier, leichtes Weizen, Lüttje Lagen					

BIERGATTUNG Biersorte	Stammwürze-gehalt in %	Bierart unter-gärig	Bierart ober-gärig	Alkoholgehalt in %	Kennzeichen, Geschmack, Besonderheiten
Vollbier *Biertypen:*	11–16			3–5	
Dortmunder Typ	12,5–13	X		4,2	Goldgelb, vollmundig, weniger stark gehopft als Pils; auf hartes Wasser abgestimmt
Münchener Typ	13,5–15	X		3,5–4	Hell oder dunkel, leicht, wenig bitter; auf mittelhartes Wasser abgestimmt
Pilsener Typ	11–12	X		3,2–4	Sehr hell, herb, spritzig, überwiegend betonter Hopfengeschmack; auf sehr weiches Wasser abgestimmt; beliebtester Biertyp in Deutschland
Pils	11–12	X		3,8–4	Hell, herb, spritzig, betonte Bittere
Lager	10–12,5	X		3,5–4	Hell oder dunkel, nicht sehr hopfenbitter
Export Dortmunder Art	12–13	X		4,2	Hell, vollmundiger Geschmack, weniger herb als Pils; das verbreitetste Exportbier
Export Münchener Typ	mind. 12,5	X		4	Hell oder dunkel, vollmundig, malzaromatisch, wenig bitter
Märzen	13–14	X		3,8–5	Tief goldfarben oder sattelgelb, vollmundig, betont malzaromatisch, milde Bittere; vorwiegend im Ausschank bei Bierfesten

BIERGATTUNG Biersorte	Stammwürzegehalt in %	Bierart		Alkoholgehalt in %	Kennzeichen, Geschmack, Besonderheiten
		untergärig	obergärig		
Malzbier	12–13		X	0,5–1,5	Dunkel, vollmundig, malzaromatisch, süß (ohne Zuckerzusatz nur in Bayern und Baden-Württemb.)
Weizen (Weißbier)	11–12		X	4–5	Hell, weizenmalzaromatisch und schwach hopfenbitter, feine Säure, viel Kohlensäure, mit oder ohne Hefe (Kristall- oder Hefeweizen). Weizen- und Gerstenmalz werden im Verhältnis 1 : 2 bis 2 : 1 verarbeitet.
Exportweizen	12,5–14 (mind. 12,5)		X	4	Hell, malzaromatisch und schwach hopfenbitter, viel Kohlensäure
Alt	11,2–12		X	3,5–3,9	Meist dunkel, aromatisch, betont hopfenbitter; in Deutschland das meistgetrunkene obergärige Bier
Kölsch	11,2–11,8		X	3,5–3,9	Hell, aromatisch, betont hopfenbitter. Die Herstellung ist auf den Raum Köln beschränkt.
Diätbier	11–11,3	X		3,7–4,8	Hell, betont hopfenbitter, verringerter Kohlehydratgehalt, aber Achtung: dafür oft mehr Alkohol
Spezial	13–14	X		4–4,3	Hell, nicht sehr hopfenbitter; Zusatzbezeichnung für Vollbiere mit über 13% Stammwürze (z. B. Märzen-Spezial), typisches Festbier, große Ähnlichkeit mit Export Münchener Art

BIERGATTUNG Biersorte	Stammwürze-gehalt in %	Bierart unter-gärig	Bierart ober-gärig	Alkoholgehalt in %	Kennzeichen, Geschmack, Besonderheiten
Rauchbier	13,5	X		4,5	Dunkel, herbwürzig, Rauchgeschmack; eine Spezialität aus Bamberg
Weitere Sorten: Porter, Steinbier, Roggenbier					
Starkbier	über 16			5–10	
Bock	16–18 (mind. 16)	X		5–5,5	Hell oder dunkel, vollmundig, malzaromatisch
Maibock	mind. 16	X			Dunkel, vollmundig, malzaromatisch; Ausschank besonders im Mai, vor allem in München
Weizenbock	16–17 (mind. 16)		X	5–5,5	Hell, malzaromatisch und schwach hopfenbitter
Doppelbock	18–19 (mind. 18)	X		5,7–6	Hell oder dunkel, vollmundig, ausgeprägt malzaromatisch
Weizendoppel-bock	18–19 (mind. 18)		X	5,7–7,5	Hell, ausgeprägt malzaromatisch und schwach hopfenbitter
Eisbock	28	X		8–9	Dunkel, sehr malzaromatisch, süß. Der Kulmbacher „Kulminator" soll das stärkste Bier der Welt sein.

Schaden zu nehmen. Der Name Export hat sich gehalten, obwohl dieses Bier kaum noch exportiert wird. Sein Stammwürzegehalt muß mindestens 12,5 % betragen. Das Lagerbier (Marktanteil 5 %) wurde früher besonders im zeitigen Frühjahr gebraut und mußte bis zum Herbst halten, weil man wegen fehlender Kühlmöglichkeiten im Sommer noch kein untergäriges Bier herstellen konnte. Es lagerte oft mehrere Monate vor dem Ausschank im Keller. Im Ausland heißen alle deutschen untergärigen Biere „Lager". Heutige Lagerbiere sind weniger stark gehopft und haben einen Stammwürzegehalt von weniger als 12,5 %.

Zu den Starkbieren gehören die Bockbiere. Sie sind immer vollmundig und malzaromatisch. Ihr Stammwürzegehalt liegt über 16 %, der Alkoholgehalt über 5 %. Daneben gibt es noch untergärige Spezialbiere, die für besondere Feste gebraut werden. Das Münchner Oktoberfest und das Cannstatter Volksfest wird den meisten Lesern ein Begriff sein. Dort wird Märzen getrunken, ein Bier, das früher im März gebraut wurde. Dieser Monat bot vor Erfindung der Kältemaschine die letzte Möglichkeit, vor der wärmeren Jahreszeit noch ein untergäriges Bier herstellen zu können.

Obergärige Sorten

Zu den bekanntesten obergärigen Biersorten gehören Alt, Kölsch, Weiße, Weizenbier, Weizenbock und Malzbier. Das besonders in Nordrhein-Westfalen populäre Altbier (Marktanteil 3 %) ist immer dunkel, recht stark gehopft und bildet einen sahnigen Schaum. Der Name Altbier erinnert noch heute an die ursprüngliche obergärige Braumethode. Das Kölsch (Marktanteil 2,4 %) – es darf nur in Köln hergestellt werden – ist dem Altbier sehr ähnlich. Es ist aber immer hell und schmeckt herber als andere obergärige Biere. Zum Weizen- oder Weißbier (Marktanteil 5 %) gibt es eine kurfürstlich-bayerische Verordnung aus dem Jahre 1803, in der es heißt, dieses Bier solle „stark perlen und hoch schäumen; es muß die dem Hopfen eigene Bitterkeit mit sich führen, auf dem Gaumen eine kühlende und erquickende Empfindung erregen, und der kitzelnde Geschmack desselben muß sich auch dem Geruch mitteilen". So ist es noch heute mit dem Weizenbier.

Die wichtigsten Unterscheidungsmerkmale der Biersorten nach Stammwürzegehalt, Alkoholgehalt und geschmacklichen Besonderheiten werden in der Übersicht auf den Seiten 94 bis 97 dargestellt.

DIE BEHÖRDEN REDEN MIT

Steueranmeldung und Steuererklärung

Im Mittelalter zog der regierende Adel das Braurecht als Mittel zur Erhebung von Steuern an sich, und einige Adelsfamilien besitzen noch heute Brauereien. Die erste bei uns bekannte Biersteuer war die „Grutabgabe", die bereits im 9. oder 10. Jahrhundert auf die Bierwürze erhoben wurde. Eine regelrechte Biersteuer führte die Stadt Ulm im Jahre 1220 ein. Später folgten auch andere Städte oder Machthaber diesem Beispiel. Unsere heutige Biersteuer ist die vorerst letzte Ausprägung dieses staatlichen Mittels, mit dem „Hopfensaft" die Staatskassen zu füllen. Im Jahre 1993 hat der Bundesfinanzminister damit 1,77 Mrd. DM eingenommen, 1994 dürften es über 1,8 Mrd. DM gewesen sein. Die in England erheblich stärker ausgeprägte Beliebtheit des Selberbrauens hat übrigens ihre Ursache vor allem darin, daß dort ein großer Teil des Bierpreises durch die staatliche Steuer bestimmt wird.

Schon im Mittelalter verstand man es, mittels des allseits beliebten Bieres die Kassen zu füllen – die Biersteuer wurde eingeführt.

Biersteuer

In Deutschland wird die Besteuerung des Bieres im Biersteuergesetz von 1993 und in der Biersteuerdurchführungsverordnung von 1994 geregelt. Für den Hobbybrauer sind besonders folgende Bestimmungen wichtig:

a) Vor der Herstellung von selbstgebrautem Bier muß das zuständige Hauptzollamt informiert werden. Der Hobbybrauer unterliegt damit der Steueraufsicht. Eine formlose Brauanzeige mit Angabe von Name, Anschrift, der beabsichtigten Biermenge und des Stammwürzegehaltes reicht aus.

b) Wer jährlich mehr als 200 Liter Bier für den eigenen Bedarf braut, muß ebenfalls beim Hauptzollamt eine Biersteuererklärung abgeben, und zwar spätestens am siebten Tag nach Ablauf des Monats, in dem das Bier gebraut wurde. Hierfür halten die Hauptzollämter entsprechende Formulare bereit.

Wer weniger als 200 Liter Bier pro Jahr, und zwar ausschließlich zum eigenen Verbrauch, herstellt und nicht verkauft, ist von der Biersteuer befreit. Die Höhe der abzuführenden Steuer hängt vom Stammwürzegehalt des Bieres ab. Sie beträgt nach Paragraph 2 des Biersteuergesetzes für je einen Hektoliter Bier 0,77 DM pro Grad Plato, soweit nicht mehr als 5000 hl pro Jahr erzeugt werden. „Grad Plato ist der Stammwürzegehalt des Bieres in Gramm je 100 Gramm Bier, wie er sich nach der großen Ballingschen Formel aus dem im Bier vorhandenen Alkohol- und Extraktgehalt errechnet", so erklärt es das Biersteuergesetz.

Der Hobbybrauer kann sich die Biersteuer nach dem Stammwürzegehalt und der gebrauten Biermenge leicht selbst ausrechnen. Für 20 Liter Bier mit einem Stammwürzegehalt von 12 % müssen beispielsweise 1,85 DM an Steuern bezahlt werden (0,2 hl x 12 % Stammwürze x 0,77 DM = 1,85 DM).

KAPITEL V
BIER ALS LEBENSMITTEL

VOM NÄHRWERT DES BIERES

Bier soll angeblich ein „Dickmacher" sein – das stimmt nicht. Der Hintergrund für diese häufig anzutreffende Meinung ist ein anderer. Die im Bier enthaltenen Stoffe, besonders Alkohol, Kohlensäure und Hopfenbitterstoffe, bewirken eine Steigerung der Magensekretion, wodurch die Verdauung günstig beeinflußt und der Appetit angeregt wird. Dies verführt manchen Biergenießer dazu, ein üppigeres Abendbrot zu sich zu nehmen, als er zur normalen Lebensweise benötigt. Ein Liter Bier bringt nur etwa 450 Kilo-Kalorien (Kcal) auf die Waage und ist damit weniger gewichtig als die vergleichbaren Mengen Orangensaft oder Milch. Nur Mineralwasser, ungesüßter Tee und Kaffee sind weniger kalorienhaltig. Der Energiegehalt von Bier hängt natürlich, wie die folgende Übersicht zeigt, von der Sorte ab.

Der Nährwert von Bier im Vergleich mit anderen Getränken

Ein Liter des jeweiligen Getränks enthält:	Kilo-Joule (kJ)	Kilo-Kalorien (kcal)
Bier:		
Alkoholfreies Bier	1160	276
Malzbier (ohne Zuckerzusatz)	1500	360
Diätbier, Altbier	1720	412
Lagerbier	1760	420
Pils	1800	428
Export, Märzen	1920	460
Bockbier	2520	600
Doppelbock	2760	660

Ein Liter des jeweiligen Getränks enthält:	Kilo-Joule (kJ)	Kilo-Kalorien (kcal)
Zum Vergleich:		
Kaffee (mit Milch und Zucker)	1680	400
Apfelsaft	1960	468
Orangensaft	2000	480
Vollmilch	2540	608
Traubensaft	3100	740
Rotwein (Burgunder), Sekt	3360	800
Milchkakao	4180	1000

BIER UND GESUNDHEIT

Bier schmeckt den meisten Menschen nicht nur gut, es soll auch gesund sein. So wurde es schon sehr früh von altägyptischen Medizinern als Stärkungsmittel verwandt. Heutzutage wird es von Ärzten und Sportmedizinern, wenn auch nicht von allen, als Aufbaumittel empfohlen, weil es einen relativ hohen Nährwert hat und aufgrund seiner gelösten und dadurch besser resorbierbaren Nährstoffe leicht verdaulich ist. Es enthält aufgrund seiner Grundsubstanzen in einer sehr ausgewogenen Zusammensetzung wichtige nahrungsmittelchemische Wirkstoffe.

Sicherlich muß nicht besonders erklärt werden, daß Getreide viele ernährungsphysiologisch wichtige Verbindungen enthält, die in das Bier übergehen und beim Mälzen noch vorteilhaft verändert werden. Die Wirkstoffe des Hopfens sind im fertigen Bier zwar nur noch in geringen Spuren nachweisbar, aber ihre beruhigenden Eigenschaften kommen dennoch zum Tragen. Neben dem Gerstenmalz ist besonders die Bierhefe die gehaltreichste Quelle für B-Vitamine, die im Körper u. a. für Konzentrationsfähigkeit, Kreislaufstabilisierung, Blutreinigung, Bildung roter Blutkörperchen, Stoffwechsel und auch für den Hormonhaushalt sorgen.

Ebenso wie bei jedem anderen Lebensmittel bestimmt auch beim Bierkonsum das richtige Maß den positiven Gesundheitsaspekt. Unmäßiger Alkoholkonsum ist bekanntermaßen schädlich. Beim Bier hat der Satz des Arztes Theophrastus Bombastus aus Hohenheim, genannt Paracelsus, also durchaus seine Bedeutung: „Laßt eure Nahrungsmittel Heilmittel und eure Heilmittel Nahrungsmittel sein." Generell gilt daher natürlich, daß jedes Nahrungsmittel, in zu großen Mengen genossen, Gift für den Körper ist.

Was unser Bier an Stoffen enthält

Ein Liter Vollbier enthält durchschnittlich		Wichtige Funktionen dieser Stoffe für den Menschen	Benötigter Tagesbedarf
Grundsubstanzen			
Kohlenhydrate	29–40 g		
Eiweiß	3–5 g		
Alkohol	35–43 g		
Kohlensäure	4–5 g		
Wasser	840–920 g		
Mineralstoffe	1,5 g		
B-Vitamine	10,5 mg		
Vitamine			
B_1 (Thiamin)	0,04 mg	Wachstum, Kohlenhydrat-stoffwechsel	0,6–1,4 mg
B_2 (Riboflavin)	0,3–0,4 mg	Zellwachstum, Blutfarbstoff-bildung, Haar, Mund, Augen	1,5–2,6 mg
B_3 Pantothen-säure	0,9–1,5 mg	Gewebewachstum	2–4 mg
B_6 (Pyridoxin)	0,5–0,8 mg	Proteinstoffwechsel, Nerven Muskeln	3–5 mg
B_{12} (Cobalamin)		Nervengewebe, Haut, Protein-stoffwechsel	
H (Biotin)	0,01 mg	Darmflora, Haut, Nerven, Muskeln, Schleimhäute, Wachstum	–
Niacin (Nikotinsäure)	6,3–8,8 mg	Zellatmung, Stoffwechsel, Wachstum, Haut, Magen, Darm, Nerven	12–18 mg
Folsäure	0,8 mg	rote Blutzellen, Zellwachstum, und -teilung	1–2 mg
Cholin	ca. 200 mg	Leber, Fettsäure vorbeugend	

KAPITEL VI
DIE HISTORISCHE ENTWICKLUNG DES BIERBRAUENS

WIE ALLES ANFING

Seit mehr als 6000 Jahren ist der beliebte Gerstensaft den Menschen bekannt. Vermutlich war das Bier in grauer Vorzeit eine rein zufällige „Erfindung", nachdem jemand etwas naß gewordenes, bereits angegorenes Brot gekostet hatte und sich über die folgende angenehm berauschende Wirkung wunderte. Aus diesem alkoholhaltigen Brotbrei wird sich wohl im Laufe der Zeit unser Bier entwickelt haben.

Bekannt ist, daß die Sumerer, wohl das älteste Kulturvolk dieser Erde, angebackenes Brot aus Gerste (eine unserer ältesten Kulturpflanzen) oder Emmer (eine alte Weizenart) für die Bierherstellung in Mesopotamien verwendeten. Durch das Backen wurde das Getreide wasserlöslich und vergärbar. Außerdem ließ sich Brot länger als Korn lagern und ermöglichte so eine Bierproduktion unabhängig von der Erntezeit des Getreides. Archäologische Untersuchungen belegen, daß in Mesopotamien bereits vor 5000 Jahren fast die Hälfte der Ernte an Gerste der Bierherstellung diente. Mit großer Wahrscheinlichkeit gab es schon um 7000 v. Chr. sumerische Bierbereitung.

Das Reich der Sumerer zerfiel im 2. Jahrtausend v. Chr., und an die Macht kamen die Babylonier, die von den Sumerern unter anderem die Kunst des Bierbrauens übernahmen. Sie brauten bald verschiedene Biersorten und exportierten ihr Lagerbier sogar bis in das ferne Ägypten. Damit war auch im alten Ägypten die Grundlage für die Bierherstellung gelegt. Dort benutzte man ebenfalls Brotteig, und die bäuerlichen Fellachen am Nil brauen noch heute ihr Bier daraus. Vom Nildelta stammen auch die ältesten Funde der Kulturgerste aus vordynastischer Zeit. Ähnliche Funde aus der Zeit um 4000 bis 4500 v. Chr. machte man in Nordsyrien und Assyrien.

Das Getränk der Sumerer, Babylonier oder Ägypter würden wir heute aus geschmacklichen Gründen wahrscheinlich nicht unbedingt als Bier bezeichnen, denn es war trüb und schmeckte süß. Weil man den Hopfen als Bierwürze noch nicht kannte, gab man Honig, Zimt, Alraun, Anis, Safran, Eichenrinde, Rettich oder Wolfsblume hinzu.

Das Bier der Germanen

Natürlich ist das Volksgetränk Bier keine deutsche Erfindung, aber es ist seit langer Zeit ein fester Bestandteil unserer Kulturgeschichte. Mit der Ausbreitung des Gerstenanbaues war auch die Verbreitung des Bieres verbunden. Die Bierrezeptur des Morgenlandes ist vermutlich vom seefahrenden Handelsvolk der Phönizier nach Nordeuropa eingeführt worden.

Das Morgenland machte dem Abendland die Bierrezeptur zum erbaulichen Geschenk und nicht die Germanen, wie fälschlicherweise vermutet.

Seit der frühen Eisenzeit, also seit mindestens 3000 Jahren, ist das Bierbrauen in unseren Breiten gebräuchlich. Das älteste deutsche Zeugnis stammt aus dem bayerischen Kasendorf, nahe der Stadt Kulmbach. Hier wurden bei Ausgrabungen Bier-Amphoren aus der frühen Hallstattzeit (um 800 v. Chr.) gefunden. Ein Bierverlergerstein, der in der Nähe von Trier gefunden wurde, belegt, daß Bier bereits in den ersten Jahrhunderten n. Chr. eine Handelsware war.

Der römische Historiker Cornelius Tacitus (55 bis 120 n. Chr.) überlieferte uns über die Germanen, daß sie „einen schauerlichen Saft, aus Gerste oder Weizen gegoren" tranken. Sicherlich kann die Qualität des Gerstensaftes unserer Altvordern nicht mit einem süffigen Pils oder Altbier heutiger Zeit verglichen werden. Das Bier der Germanen wurde aus Gerste, Hirse oder Weizen gebraut. Bei ihnen war übrigens das Brauen ebenso wie das Kochen und Backen Frauensache. Sie entdeckten bald, daß nicht unbedingt Brot der Rohstoff sein mußte, sondern daß es ausreichte, Getreide keimen und trocknen zu lassen. **Gewürzt wurde** das germanische Bier mit Myrte, Eschenlaub oder Eichenrinde. Als zusätzliche „Dröhnung" wurde häufig noch Honig zugesetzt, der die Gärung beschleunigte. Es war zu dieser Zeit eine kaum länger haltbare, trübe, süßlich-pappige und schaumlose Bierbrühe und für die weintrinkenden Römer wohl das passende Getränk der Barbaren. Der Geschmack verbesserte sich erst, als man im 11. Jahrhundert den Hopfen für die Bierherstellung entdeckte, der bereits seit dem 8. oder 9. Jahrhundert bekannt war.

Bei den Germanen war eine so wichtige Angelegenheit wie das Bierbrauen noch Sache der Frauen.

Wie auch immer, den Germanen verdanken wir die Verbreitung des Bieres im nördlichen Europa. Es war ihr Lieblingsgetränk und ist es eigentlich bis heute geblieben, sieht man einmal vom etwas höheren Kaffeekonsum der Deutschen in der heutigen Zeit ab.

DIE KLOSTERBRAUKUNST

Erst zu Beginn des 9. Jahrhunderts wurde die Bierbrauerei im Reich Karls des Großen gefördert. In blutigen Kämpfen gründete Karl die Einheit des christlichen Abendlandes und förderte die Errichtung von Klöstern, die als Zentren von Landwirtschaft, Bildung und Wissenschaft auch bald die Träger des Fortschritts in der Brautechnik wurden. Die Klöster waren es, die bei uns den entscheidenden Beitrag für die Entwicklung der Braukunst leisteten.

Die Mönche fanden heraus, daß ein nahrhaft gebrautes Bier auch satt machen konnte. Nach dem kirchlichen Grundsatz „Flüssiges bricht das Fasten nicht" wurde das Bier besonders während der Fastenzeit zum „flüssigen Brot". Aber die Mönche durften nach den Klosterordnungen nicht nur für den eigenen Bedarf brauen. Jeder Bettler und Wandersmann, der am Kloster vorbeikam und an die Tür klopfte, erhielt angeblich nicht nur zu essen, sondern auch Bier. Und es waren oft viele Leute, die an die Klostertür klopften. Das kräftig gebraute Klosterbier wurde schnell bekannt, weil es bedeutend besser schmeckte als das meiste andere Bier. Das war auch kein Wunder, denn die Klosterbrauereien legten großen Wert auf die Qualität des Braugetreides, und einige der Mönche spezialisierten sich geradezu auf die Bierherstellung.

Im Hochmittelalter gab es in Deutschland bereits 500 Klosterbrauereien. Das älteste Braukloster war St. Gallen in der heutigen Schweiz. Es wurde 612 von Benediktinern gegründet, besaß im Jahre 820 drei Brauhäuser und wurde zum Maßstab auch für andere Klosterbrauereien. Zu den ältesten gehört das 725 ebenfalls von Benediktinern gegründete Kloster Weihenstephan bei Freising in Bayern.

Sehr bald führte der Geschäftssinn mancher Äbte dazu, das gute und beliebte Klosterbier auch zu verkaufen. Die Mönche in Weihenstephan waren die ersten: Sie erhielten bereits im Jahre 1040 das Recht, ihr Bier nicht nur zu brauen, sondern auch auszuschenken. In zahlreichen Klöstern entstanden gut florierende Wirtschaften, die sich später zu ernsthaften Konkurrenten der bürgerlichen Brauereien und Gaststätten entwickelten, weil sie auf preiswertere Arbeitskräfte und Grundstoffe zurückgreifen konnten und auch keine Steuern bezahlen mußten. Die Klagen des bürgerlichen Brauhandwerks, das sich schon im 13. Jahrhundert als Zunft oder Gilde organisiert hatte, führten im 15. Jahrhundert schließlich dazu, daß der Verkauf von Klosterbier und die Führung von Klosterschenken von vielen Landesfürsten eingeschränkt wurde. Kaiser Sigismund (1410–1437) erließ als erster ein entsprechendes Gesetz.

Die Reformation führte dann zur Auflösung zahlreicher Klöster, weitere wurden im 30jährigen Krieg zerstört. Die Säkularisation von 1803 brachte schließlich den endgültigen Niedergang der meisten Klosterbrauereien. Allein in Bayern waren es 200, die in weltliche Hände übergingen. Ganze elf Klosterbrauereien konnten sich bis auf den heutigen Tag behaupten. Bekannt sind das Kloster Andechs bei München, das oberbayerische Kloster Ettal, das Franziskaner-Nonnenkloster Mallersdorf im Landkreis Straubing und das 746 gegründete Benediktinerkloster Tegernsee. Das Kloster Weihenstephan, das im 12. Jahrhundert erstmals systematisch den Hopfen als Bierwürze einführte, verlor 1803 sein Braumonopol und wurde von weltlichen Herrschern übernommen. Diese bauten es zur Landwirtschaftsschule aus, die heute als Fakultät für Brauwesen zur Technischen Universität München gehört.

Kloster Andechs im 18. Jahrhundert

DAS BIER DES MITTELALTERS

Neben den Klöstern, die ihre Brauereien nach und nach zu Spezialbetrieben ausbauten, produzierten die Leute in den Städten und Dörfern im frühen Mittelalter ebenfalls ihr eigenes Bier. Oftmals wurde dabei zusätzlich für den Straßenverkauf oder für die eigene Schänke gebraut.

Damals gab es noch keine Trennung zwischen gewerblicher Bierproduktion und Hausbrauerei. Das hatte etwas mit der mittelalterlichen Wirtschaftsstruktur zu tun, die wegen ungenügender Transportmöglichkeiten nur einen regional begrenzten Güteraustausch erlaubte.

Aber auch die relativ kurze Haltbarkeit der meisten mittelalterlichen Biere ließ längere Transportzeiten von vorneherein nicht zu.

Das Bier des Mittelalters hatte eine viel größere Bedeutung als heute – was auch schon in früheren Zeiten der Fall war.

Es galt als Grundnahrungsmittel, weil es damals noch keine verläßliche Trinkwasserversorgung gab und das Vorhandensein von sauberem Wasser durchaus nicht selbstverständlich war. Tee und Kaffee trank man noch nicht. Auch die Kartoffel war als wertvoller Stärkelieferant in Europa noch unbekannt.

Man trank Bier zu allen Tageszeiten; sowohl kalt wie warm, denn es wurden auch Speisen damit zubereitet. Die weniger betuchte Bevölkerung lebte damals hauptsächlich von Brot und Dünnbier.

Es galt eben auch als Nahrungsmittel, da es noch kein differenziertes Nahrungsangebot gab. In den meisten Häusern wurde ebenso selbstverständlich Bier gebraut wie Brot gebacken. Beides war damals die Aufgabe der Frau, und das Braugeschirr gehörte in manchen Gegenden bis zum 18. Jahrhundert zur Mitgift.

Backen und Brauen lagen eng beieinander. Dies blieb auch so, als sich im 13. Jahrhundert die verschiedenen Handwerkszweige entwickelten. Aus so mancher Bäckerei entstand eine gewerbliche Brauerei. Mit der zunehmenden Bedeutung der Städte entwickelte sich auch das Brauhandwerk zu einem wichtigen Gewerbezweig, der in den bierexportierenden Hansestädten oft die größte kommunale Finanzquelle darstellte.

Besonders zwischen dem 13. und dem 16. Jahrhundert boomten die gewerblichen Brauereien und der Bierhandel in Norddeutschland außerordentlich. Die wichtigsten Exporthäfen waren Bremen und Hamburg, von denen das Bier nach Skandinavien, Rußland, Holland, Belgien, England und sogar bis nach Indien verschifft wurde.

Die Freie und Hansestadt Hamburg hatte um 1500 etwa 600 Brauereien, und selbst die kleine Hansestadt Gardelegen in der Altmark brachte es im Jahre 1620 auf 250 Brauhäuser. Die Stadt Dortmund erkaufte sich bereits im 13. Jahrhundert ihr Braurecht und hat sich bis heute zur zweitgrößten Bierstadt der Welt entwickelt.

Auch die Stadt Einbeck im südlichen Niedersachsen war im Mittelalter einer der größten Bierexporteure in Europa. Als Geburtstadt des Bockbieres lieferten die Städte Einbeck und Braunschweig seit dem 14. Jahrhundert dieses starke Bier an viele Fürstenhäuser, auch nach Bayern. Dort nannte man das beliebte Einbecker „Ainpöckisch Bier", später dann „Ainpock" und „Oanbock", und schließlich hieß es nur noch „Bock".

In Süddeutschland dagegen gab es zwar zahlreiche Klosterbrauereien, doch die wenigen gewerblichen Brauereien konnten häufig nicht einmal den regionalen Bierbedarf abdecken. Besonders im 15. und 16. Jahrhundert mußte das meiste Bier in Bayern aus Norddeutschland importiert werden. In Bayern trank man vorwiegend Wein. Das änderte sich erst nach dem 30jährigen Krieg, der im Norden auch zur Zerstörung der meisten

Brauereien und im Süden zur Verwüstung der Weinberge führte. Erst im 17. Jahrhundert wurde Bayern zum Bierland, und
Mitte des 18. Jahrhunderts existierten dort bereits über 4000
gewerbliche Brauereien.

Aus Bayern kommt auch das untergärige Bier. Von der Hefe ist
dort erstmals im Jahre 1551 die Rede, und man kannte bereits
die Unterschiede zwischen ober- und untergärigem Bier.

Das untergärige Bier setzte sich gegenüber dem obergärigen
Bier im späten Mittelalter durch. Es wurde als „Lager" bekannt,
weil es zur Nachgärung eben noch längere Zeit gelagert werden
mußte.

Aber zurück zum Mittelalter. Der Hopfen als Bierzusatz wurde wiederentdeckt, nachdem er schon im Altertum vom Grut,
einem Gewürzgemisch aus Sumpfmyrthe, Rosmarin und Schafgarbe, verdrängt worden war. Das Grutrecht war in hiesigen
Landen teilweise bis ins 15./16. Jahrhundert die Grundlage der
Brauerei.

Da der Hopfen aber das Grutrecht überflüssig zu machen
drohte, wurde er von den Grut-Berechtigten lange bekämpft
und auch von der Obrigkeit für die Brauerei nicht zugelassen. Im
ausgehenden Mittelalter aber konnte sich der Hopfen schließlich durchsetzen.

Heute wissen wir, daß er für die Bierbrauerei unschlagbare
Vorteile besitzt, weil er das Bier haltbarer macht, besonders gut
Eiweiß aus der Bierwürze ausscheidet, die Schaumbildung verbessert und die angenehme Bittere für die Geschmacksqualität
des Bieres liefert.

DAS REINHEITSGEBOT VON 1516

Das berühmte Reinheitsgebot wurde im Jahre 1516 von
Herzog Wilhelm IV. von Bayern erlassen. Der wichtigste Absatz
dieser Verfügung lautet:

> *„Ganz besonders wollen wir, daß forthin allenthalben in unseren Städten, Märkten und auf dem Lande zu keinem Bier mehr Stücke als allein Gersten, Hopfen und Wasser verwendet werden sollen."*

Hefe war zu dieser Zeit noch nicht bekannt. Das Reinheitsgebot gilt als die älteste lebensmittelrechtliche Bestimmung der Welt. Der Hintergrund dieser alten Regelung war wohl kaum der Schutz des Biertrinkers vor verfälschtem Bier. Dem Herzog ging es sicherlich vor allem darum, den knappen Weizen ausschließlich für die Brotherstellung zu sichern und den bayerischen Gersten-Bauern einen krisensicheren Absatzmarkt zu gewährleisten.

Vor 1516 wurden für die Bierherstellung nicht nur Gerste, sondern auch andere stärke- oder zuckerhaltige Stoffe wie Kartoffeln, diverse Getreidesorten, Sojabohnen, Roßkastanien u. a. verwendet. Natürlich wurde das Reinheitsgebot auch oftmals umgangen, besonders in Notzeiten bis hin zum Zweiten Weltkrieg.

Sogar manch kriegerische Handlung wurde in früheren Zeiten mit dem Gewinn aus der Brauereiwirtschaft finanziert – erst wurde für die Finanzen getrunken und später zum Vergessen!

Im bayerischen Schwarzach existierte auch nach dem Erlaß des Reinheitsgebotes ein altangestammtes Weizenbier-Braurecht, das die Herren von Deggendorf ausübten. Als sie 1602 ausstarben, fielen ihre Rechte an das Herzogshaus der Wittelsbacher unter Maximilian I. Dieser finanzierte einen beträchtlichen Teil seiner ungeheuren Kosten für den 30jährigen Krieg aus den Einnahmen seiner 1598 errichteten Herzoglichen Braunbier-Brauerei (heute Münchner Hofbräuhaus), in der das Weizenbier lange Zeit konkurrenzlos gebraut wurde. Dieses Exklusivrecht konnten sich die bayerischen Herrscher bis 1789 sichern.

Vorläufer des Reinheitsgebotes

Das Reinheitsgebot hatte allerdings einige Vorgänger, denn Bierpanscher waren früher nicht gerade selten. In Nürnberg verordnete der Stadtrat bereits im Jahre 1293, nur noch Gerste zum Brauen zu verwenden. Auch Regensburg brachte wegen der schlechten Bierqualität bereits 1453 eine Brauordnung heraus. In München gab es 1420 die Vorschrift, das Bier nach dem Brauen acht Tage zu lagern. 1447 forderten die Münchener Stadträte von den Brauern, ausschließlich Gerste, Hopfen und Wasser zur Bierbereitung zu verwenden. Diese Forderung wurde 1487 von Herzog Albrecht IV. bestätigt und 1493 auch von Herzog Georg in Bayern/Landshut übernommen. Beide wußten, daß das Biergeschäft in Norddeutschland blühte, weil die Brauerzünfte dort auf eine ordentliche Bierqualität achteten. Das Reinheitsgebot von 1516 folgte also nur der bewährten Münchener Regelung von 1447. Tatsächlich wurde das Bier wohl auch besser, und die Bayern holten gegenüber den bis dahin unerreichbaren norddeutschen Brauern deutlich auf.

Das Reinheitsgebot ist seit 1906 in allen Ländern des damaligen Deutschen Reiches gültig und hat noch heute seine Bedeutung. Das geltende Biergesetz bestimmt nämlich: „Zur Bereitung von untergärigem Bier darf … nur Gerstenmalz, Hopfen, Hefe und Wasser verwendet werden" (vorläufiges Biergesetz vom 29.7.1993). Die absolute Einschränkung auf Gerstenmalz gilt allerdings nur für untergäriges Bier. Für obergäriges Bier sind auch Malze aus Weizen sowie Zucker zugelassen. Ähnlich strenge nationale Herstellungsrichtlinien gibt es nur noch in Norwegen und in der Schweiz.

Im Rahmen der eurobürokratischen Gleichmacherei wurde das deutsche Reinheitsgebot als Handelshemmnis angesehen und im März 1987 vom Europäischen Gerichtshof in Luxemburg gekippt. Mußten bisher alle aus dem Ausland importierten Biere

Wie das Bier summer vñ winter auf dem Land sol geschenckt vnd praüen werden

Item Wir ordnen/setzen/vnnd wöllen/ mit Rathe vnnser Lanndtschafft / das füran allenthalben in dem Fürsten- thumb Bayrn/auff dem lande/ auch in vnsern Stettn vñ Märckthen/da deßhalb hieuot kain sonndere ordnung ist/ von Michaelis biß auff Georij/ ain maß oder kopffpiers über ainen pfennig Müncher werung/ vñ von sant Jor- gen tag/biß auff Michaelis/ die maß über zwen pfenning derselben werung/ vnd deren den der kopff ist / über drey haller/bey nachgesetzter Pene/nicht gegeben noch aufge- schenckht sol werden. Wo auch ainer nit Mertzn / sonder annder Pier prawen/oder sonst haben würde/sol Er d och das/kains wegs höher/dann die maß vmb ainen pfenning schencken/vnd verkauffen. Wir wöllen auch sonderlichen/ das fürgn allenthalben in vnsern Stetten/Märckthen/vñ auff dem Lannde/zů kainem Pier/ merer stückh/ dañ al- lain Gersten/Hopffen/vñ wasser/genomen vñ geprauche sölle werdñ. Welher aber dise vnsere Ordnung wissendlich überfaren vnnd nit hallten wurde / dem sol von seiner ge- richtßöbrigkait/ dasselbig vas Pier/zůstraff vnnachläß- lich/ so offt es geschiche / genommen werden. Jedoch wo ain Gůtwirt von ainem Pierprewen in vnnsern Stettn/ Märckthen/oder aufm lande/yezůzeitñ ainen Emer piers/ zwen oder drey/kauffen / vnd wider vnnter den gemayn- nen Pawrsuolck außschenncken würde/ dem selben allain/ aber sonnst nyemandts/sol dye maß/ oder der kopffpiers/ vmb ainen haller höher dann oben gesetzt ist/ zegeben/ vñ/ außzeschencken erlaubt vnnd vnuerpotñ.

Das Reinheitsgebot von 1516

dem Reinheitsgebot entsprechen, so gilt das Reinheitsgebot heute nur noch für den Inlandsmarkt, d. h. für Bier, das sowohl in Deutschland hergestellt als auch hier verkauft wird. Allerdings hat diese Entscheidung bisher nur geringe Auswirkungen auf das Bierangebot in unseren Geschäften. Der Marktanteil auslän- discher Biere ist nach wie vor äußerst klein (ca. 2,6 %), ein Teil davon wird sogar, wohl wegen der besseren Absatzchancen,

Der Text des Reinheitsgebotes von 1516

Wie das Bier im Sommer und im Winter auf dem Land ausgeschenkt werden soll.

Wir verordnen, setzen und wollen mit dem Rat unserer Lanschaft, daß forthin überall im Fürstentum Bayern sowohl auf dem Lande wie auch in unseren Städten und Märkten, die keine besondere Ordnung dafür haben, von Michaeli bis Georgi ein Maß (bayerische = 1,069 Liter) oder ein Kopf (halbkugelförmiges Geschirr für Flüssigkeiten = nicht ganz ein Maß) Bier für nicht mehr als einen Pfennig Münchener Währung und von Georgi bis Michaeli die Maß für nicht mehr als zwei Pfennig derselben Währung, der Kopf für nicht mehr als drei Heller (gewöhnlich ein halber Pfennig) bei Androhung unter angeführter Strafe gegeben und ausgeschenkt werden soll. Wo aber einer nicht Märzen sondern anderes Bier brauen oder sonstwie haben würde, soll er es keineswegs höher als um einen Pfennig die Maß ausschenken und verkaufen. Ganz besonders wollen wir, daß forthin allenthalben in unseren Städten, Märkten und auf dem Lande zu keinem Bier mehr Stücke als allein Gersten, Hopfen und Wasser verwendet und gebraucht werden sollen. Wer diese unsere Androhung wissentlich übertritt und nicht einhält, dem soll von seiner Gerichtsobrigkeit zur Strafe dieses Faß Bier, so oft es vorkommt, unnachsichtlich weggenommen werden. Wo jedoch ein Gauwirt von einem Bierbräu in unseren Städten, Märkten und auf dem Lande einen, zwei oder drei Eimer (= enthält 60 Maß) Bier kauft und wieder ausschenkt an das gemeine Bauernvolk, soll ihm allein und sonst niemand erlaubt und unverboten sein, die Maß oder den Kopf Bier um einen Heller teurer als oben vorgeschrieben ist zu geben und auszuschenken. Auch soll uns als Landesfürsten vorbehalten sein, für den Fall, daß aus Mangel und Verteuerung des Getreides starke Beschwernis entstünde (nachdem die Jahrgänge auch die Gegend und die Reifezeiten in unserem Land verschieden sind), zum allgemeinen Nutzen Einschränkungen zu verordnen, wie solches am Schluß über den Fürkauf ausführlich ausgedrückt und gesetzt ist.

ebenfalls nach dem Reinheitsgebot gebraut. Für ausländisches Bier, das nicht dem Reinheitsgebot entspricht, schreibt die Bierverordnung von 1990 vor, daß „andere Stoffe" deutlich gekennzeichnet werden müssen. Nachzutragen bleibt die Begründung der EG-Harmonisierungsbefürworter in Sachen Bier: „Chemie-Bier" ohne Reinheitsgebot läßt sich einfacher und preiswerter herstellen. Deutlicher kann man das Interesse an Gewinnmaximierung auf Kosten der Produktqualität und der Gesundheit der Verbraucher kaum ausdrücken.

DAS 19. JAHRHUNDERT

Im 18. und besonders im 19. Jahrhundert setzte eine rasante technologische Entwicklung ein, die sogenannte industrielle Revolution. Hiervon profitierte auch die Brautechnologie. Der industrielle Kapitalismus gab auch dem Brauereigewerbe die bis heute erreichte Gestalt.

Bereits im 18. Jahrhundert löste die von James Watt erfundene Dampfmaschine die bisher von Pferden mühsam gelieferte Energie der Brauaggregate ab. Kurz danach wurde das Thermometer und das 1843 vom Tschechen Balling erfundene Saccharimeter (Zucker-Spindel) in der Brauerei eingeführt. Das Ballingsche Maßsystem für die Extraktkonzentration wurde später von Fritz Plato für eine Kommission im deutschen Kaiserreich verbessert.

Auch die Fortschritte der Braumethodik waren bis zum 19. Jahrhundert eher ein Produkt von Versuch und Irrtum. Die Kunst des Bierbrauens setzte sich jahrhundertelang aus überlieferten Geheimrezepten, erworbener Erfahrung und Glück zusammen. Erst seit gut 100 Jahren werden die biochemischen Vorgänge der Bierherstellung nach und nach wissenschaftlich untersucht.

Bekannt wurde die 1876 veröffentlichte Untersuchung „Études sur la bière" (Studien über das Bier) von Louis Pasteur. Er entdeckte die Bedeutung der Mikroorganismen beim Gärvorgang und bewies, wie niedere Lebewesen in der Luft in vorher keimfreie Stoffe gelangen und dort Fäulnisprozesse auslösen können. Seine Grundlagenforschung über die mikrobiologischen Zusammenhänge führte in der Brauerei dazu, daß es nicht mehr wie bisher dem Zufall überlassen blieb, ob ein Bier gelang oder sauer wurde. Reinheit und Hygiene sind seitdem die obersten Gebote bei der Bierherstellung.

> **Kein Geringerer als Louis Pasteur entdeckte die Bedeutung der Mikroorganismen beim Gärungsprozeß!**

Kurze Zeit später gelang es dem dänischen Chemiker und Botaniker Emil Christian Hansen bei seinen Experimenten mit verschiedenen Bierhefen im Jahre 1881, einzelne Hefezellen zu isolieren und eine Reinkulturhefe zu vermehren. Von nun an konnten Hefezellen in Reinzucht mit gleichen Eigenschaften einen gleichmäßig guten Geschmack auf das Bier übertragen.

Hansen war es auch, der den wissenschaftlichen Nachweis erbrachte, daß es unter- und obergärige Bierhefezellen gibt. Diese Untersuchungen waren die Basis für die Weiterentwicklung von Herstellungsverfahren, die seit Jahrhunderten kaum verändert wurden.

Arbeiten über die Kältetechnik des Schotten William Kelvin führten 1873 zur Erfindung der Kältemaschine durch Carl Linde. Dadurch wurde die Bierbrauerei erstmals weitgehend witterungsunabhängig.

Besonders das untergärige Bier, zu dessen Gärung Temperaturen von 4 bis 10° C benötigt werden, konnte nun auch im Sommer gebraut werden. Die allgemeine Einführung der Kältetechnik in den Brauereien führte zu einer nachhaltigen Änderung der Trinkgewohnheiten. Das bis dahin vielfach ausschließlich verbreitete obergärige Bier wurde mit Ausnahme von einigen Regionen fast überall zugunsten von untergärigen Biersorten verdrängt.

Im 19. Jahrhundert entstanden die meisten Brauereien in Deutschland. 1880 waren es etwa 19 000, und gegen Ende des Jahrhunderts kam weltweit jedes vierte Bier aus Deutschland.

DIE MODERNE BIERBRAUEREI

Deutschland ist ein Bierland. Es liegt in der Weltbierproduktion hinter den USA auf Platz zwei, gefolgt von Japan. Von den 1644 Brauereien in der EG befinden sich allein 78 % bei uns. Mit 1280 Braustätten (1993) und fast 5000 Biermarken haben wir es hier auf eine beispiellose Vielzahl gebracht. Allein in Bayern gibt es 751 Braustätten, gefolgt von Baden-Württemberg mit 174 und Nordrhein-Westfalen mit 100 Brauereien. Über die Hälfte aller deutschen Brauereien, nämlich 726, sind kleinere Braustätten mit einer Gesamtjahreserzeugung von weniger als 10 000 Hektoliter Bier je Braustätte.

> **Der Prozeß der Bierbereitung in den modernen Brauereien wird heutzutage in zunehmendem Maß einzig von Technik und Automatisierung bestimmt.**

Die moderne Großbrauerei ist heute längst ein Industriezweig wie jeder andere. Die Marktbedingungen erfordern auch bei den Brauereien eine möglichst hohe Produktivität. Immer mehr kleinere Brauereien müssen unter dem Wettbewerbsdruck der Großbrauereien aufgeben, oder sie werden von diesen geschluckt. Der Verdrängungswettbewerb führt zu immer größeren Einheiten, zu mächtigen Konzernen, die längst nicht mehr „nur" Bier herstellen, sondern als Aktiengesellschaften mit anderen Industriezweigen oder Großbanken verflochten sind.

Der Umsatz aller deutschen Brauereien liegt bei 20,2 Mrd. DM, ihr Bierausstoß lag 1994 bei rund 118,5 Mio. Hektoliter. Davon wurden ca. 7 % für die Ausfuhr hergestellt. Der durchschnittliche Bierkonsum in Deutschland ist in den letzten zehn Jahren um etwa zehn Liter gesunken und lag im Jahre 1993 bei 138 Liter Bier pro Kopf. Der deutsche Biertrinker liegt mit diesem Konsum in Europa an der Spitze, gefolgt von Dänemark, Irland und Österreich. Die mäßigsten europäischen Bierkonsumenten sind die Weinländer Italien, Frankreich und Griechenland.

Deutschlands größte Brauereigruppe hält ein Anteil von über 9 % des gesamten Bierausstoßes. 28 Brauereien erreichen jährlich eine Bierproduktion von mehr als einer Million Hektoliter Bier. An der Spitze der deutschen Braukonzerne liegt die Brau und Brunnen AG mit 10,8 Mio. hl Bierausstoß, gefolgt

Obwohl Deutschland den Pro-Kopf-Verbrauch an Bier in Europa anführt, ging der allgemeine Konsum in letzter Zeit zurück.

von der Binding-Gruppe (9,2 Mio. hl) und der Holsten-Gruppe (7,2 Mio. hl). Auf den Plätzen vier bis zehn der Großen folgen: Haus Kramer mit Warsteiner (6,4 Mio. hl), Beck & Co (5,1), März-Gruppe (4,9), Bitburger (4,3), Karlsberger Verbund (4,0), Krombacher (3,8) und Gilde AG (3,2).

Die zehn größten Biermarken waren im Jahre 1994: Warsteiner (5,95 Mio. hl Inlandsabsatz), Krombacher Pilsner (3,7), Bitburger (3,7), Holsten (2,4), Veltins (2,26), König (1,9), Diebels (1,64), Paulaner (1,6), Becks (1,6) und Licher (1,51 Mio. hl Inlandsabsatz).

Etwa 27 % des gesamten Bierausstoßes werden in Fässer, fast 70 % in Flaschen abgefüllt. Der Anteil von Einweggebinden beträgt durchschnittlich immer noch 20 %. Die bevorzugten Materialien für die Bierfässer sind Aluminium und Edelstahl, wobei das Keg-System mit 30- und 50-Liter-Fässern neben den bauchigen Fässern zunehmend Anwendung findet.

Nachfolgend eine Liste der Brauereimuseen in Deutschland, in denen der Besucher viel Wissenswertes über die Geschichte und die Kultur des Brauwesens erfahren kann.

Brauereimuseen in Deutschland auf einen Blick

Ort	Musem, Betreiber, Straße	Schwerpunkt, Exponate, Öffnungszeiten
20099 Hamburg	Kunst- und Gewerbemuseum Steintorplatz 1	Mit historischer Brauerei-abteilung und Ausschank
21335 Lüneburg	Brauereimuseum im Kronen-Brauhaus Heiligengeiststr. 39	Mit Gaststätte tägl. 10–12 u. 15–17 Uhr
26441 Jever	Brauereimuseum Friesische Brauerei Jever	
32312 Lübbecke	Brauereimuseum Ernst Barre GmbH Berliner Str. 122–124	
37574 Einbeck	Städtisches Museum Steinweg 11 Urbock-Keller als Museum Einbecker Brauhaus AG Papenstr. 4/7	Brauwesen-Abteilung
38685 Lauenthal	Das alte Brauhaus Hahnenkleer Str. 2	
44141 Dortmund	Brauereimuseum Märkische Str. 85	Di.–So. 10–13 Uhr
45326 Essen	Stauder Brauereimuseum Stauder Str. 88	
48329 Havixbeck	Brauereimuseum Klutes Historisches Brau-haus Pappenbeck 28	
48565 Steinfurt-Burgsteinfurt	Museum der Brauerei Rolinck Kommunikationszentrum Wettringerstr. 41	
48661 Cloppenburg	Niedersächsisches Freilicht-Museumsdorf	Brauhaus von 1736; werk-tags 8–18, So. 9–18 Uhr
48712 Gescher	Braumuseum	200 Jahre altes Brauhaus mit Inneneinrichtung
51147 Köln	Museum der Küppers-Kölsch Brauerei Alteburger Str. 145–155	Historische Braustätte; Haus-brauerei der Jahrhundert-wende mit nostalgischer Bierstube (Ausschank). Sa. 11–16 Uhr

56203 Höhr-Grenzhausen	Rastal-Museum	Bedeutende Sammlung historischer Trinkgefäße des 16. bis 20. Jh., über 3000 Exponate; nur für Fachbesucher
58091 Hagen	Westfälisches Freilichtmuseum technischer Kulturdenkmale Mäckinger Bachtal	Altes Brauereigebäude mit kompletter Einrichtung
60559 Frankfurt	Frankfurter Brauerei Museum Henninger Bräu AG Hainerweg 37–53	Im 120 m hohen Turm der Henninger-Brauerei Täglich 10–21 Uhr
70563 Stuttgart	Schwäbisches Brauereimuseum Schwaben Bräu Robert-Koch-Str. 12	Di.–So. 10.30–17.30 Uhr
79865 Grafenhausen	Brauereimuseum Rothaus AG	
80331 München	Deutsches Brauerei Museum St.-Jakobs-Platz 1	Bau- und Kulturgeschichte des Brauwesens
82250 Altomünster	Brauereimuseum Kapplerbräu Vogelgarten 8	Nur Gruppen nach Voranmeldung
84577 Tüßling	Brauereimuseum Moos Moos Nr. 21	
85283 Wolnzach	Deutsches Hopfenmuseum im alten Lipphof-Gebäude	
87660 Irsee/Allgäu	Brauereimuseum Klosterbrauerei Irsee Klosterring 1–3	Täglich 11–19 Uhr
87758 Kronburg-Illerbeuren	Bauernhofmuseum Haus Nr. 11	Museale Räume einer Hausbrauerei
90403 Nürnberg	Altstadthof mit Museumsbrauerei Bergstr. 19	
90482 Nürnberg	Weizenbierglasmuseum Walter Geißler Freilandstr. 21a	
91174 Spalt	Heimatmuseum	Hopfenkultur
91217 Hersbruck	Deutsches Hirtenmuseum Eisenhüttlein 7	Hopfensammlung Di.–So. 9–10 u. 14–15 Uhr
91785 Pleinfeld	Mittelfränkisches Brauereimuseum im Heimatmuseum	

92339 Beilngries	Brauereimuseum Felsen-keller J. B. Prinstner Bräuhausstr. 36	Sa. 10.30 Uhr
93047 Regensburg	Braumuseum der Kuchel-bauer-Brauerei Am Schwanenplatz	Mittelständische Brauerei der Jahrhundertwende
94501 Aldersbach	Brauereimuseum	Mo. u. Mi. 14.30 Uhr
95445 Bayreuth	Brauerei- u. Büttnerei-museum Brauerei Maisel Hindenburgstr. 9	Mo. 10 Uhr
96049 Bamberg	Fränkisches Bauereimuseum Michaelsberg 10 f	Di.–So. 13.30–16 Uhr
99326 Singen	Museumsbrauerei Schmitt	Der kleinste noch produzie-rende Bierbetrieb in den neuen Bundesländern (Thüringen)

KAPITEL VII
BIER IN DER KÜCHE

KOCHEN MIT BIER

Bier eignet sich nicht nur zum Trinken, sondern auch vorzüglich zum Kochen. Um den Genuß Ihres selbstgebrauten Bieres noch zu erhöhen, möchte ich Ihnen daher abschließend ein paar ausgewählte Kochrezepte vorstellen. Die Mengenangaben beziehen sich dabei, sofern nichts anderes angegeben ist, auf 4 Personen.

Drawehner Biersuppe
(für 2 Personen)

Zutaten:

150 g Roggen- oder Weizenbrot	1 Prise Salz
	125 g Zucker
½ l dunkles obergäriges Bier	100 g Rosinen
1 Stange Zimt	2 Äpfel
½ unbehandelte Zitrone	1 Ei

Das Brot kleinschneiden, in etwas Wasser weich kochen und anschließend mit dem Löffel durch ein Sieb streichen. Den Brotbrei mit Bier, Zimt, Saft und Schale der Zitrone, Salz, 25 g Zucker, Rosinen und den entkernten, in Scheiben geschnittenen Äpfeln erhitzen (nicht kochen) und 15 Minuten ziehen lassen. Das Eigelb vom Eiweiß trennen. Das Eigelb mit ein paar Löffeln Suppe verquirlen und dann in die Suppe rühren. Das Eiweiß mit 100 g Zucker zu einem festen Schnee schlagen und mit einem Teelöffel kleine Häufchen auf die Suppe setzen.

Friesische Biersuppe

Zutaten:

60 g Sago oder Stärkemehl	$1/2$ l Bier
$1/2$ l Milch	2 Eier
3 EL Zucker	3 EL Zimt
2 EL Sirup	

Den Sago in die kochende Milch geben und 15 Minuten ziehen lassen. Zucker, Sirup und Bier zufügen und kurz aufkochen lassen. Das Eigelb vom Eiweiß trennen. Das Eigelb mit einigen Löffeln Suppe in einer Tasse verrühren, in die Suppe geben und nicht mehr kochen lassen.

Das Eiweiß sehr steif schlagen und mit einem Teelöffel kleine Häufchen auf die Suppe setzen. Die Eischneeklößchen mit Zimt bestreuen und alles im geschlossenen Topf fünf Minuten ziehen lassen. Die Biersuppe kann warm oder kalt gegessen werden.

Wendländische Bierkarbonaden vom Rind

Zutaten:

750 g Rindfleisch aus dem	30 g Mehl
hinteren Rippenstück (beson-	$1/2$ l Bier
ders empfehlenswert ist das	$1/2$ l Fleischbrühe
Fleisch von Galloway-Rindern)	1 TL Essig
Salz	1 Prise Zucker
Pfeffer	Petersilie
2–3 EL Schweineschmalz	Thymian
4–5 Zwiebeln	2 Lorbeerblätter

Das Fleisch von Sehnen und Fett befreien, in etwa 50 g große Stücke schneiden, mit Salz und Pfeffer würzen und im Schmalz zusammen mit den in Scheiben geschnittenen Zwiebeln anbraten. Alles auf einen Teller geben und beiseite stellen. Das Mehl im restlichen Schmalz hellbraun werden lassen, dabei ständig rühren. Mit Bier und Fleischbrühe ablöschen, mit Salz, Pfeffer, Essig und Zucker würzen und 15 Minuten kochen. Fleisch und Zwiebeln in einen feuerfesten Topf geben, die gewaschenen Kräuterzweige zufügen, die Soße durch ein Sieb darüber geben und im Backofen bei 160 °C ca. drei Stunden garen.

Heidschnucken-Lammrücken Satkauer Art
(je nach Fleischmenge für 6–8 Personen)

Zutaten:

1 Heidschnuckenrücken
(ca. 300 g pro Person)
Salz
schwarzer Pfeffer aus der
Mühle
Rosmarin
Thymian
1 zerdrückte Knoblauchzehe
Olivenöl
1–2 gehackte Zwiebeln
1–2 Tomaten

Für die Streichmasse:
3 EL Paniermehl
Salz
Pfeffer

1 zerdrückte Knoblauchzehe
2 EL gehackte Petersilie
4 EL Olivenöl

Für die Beize:
1 Bund Suppengrün
2 Zwiebeln
$^1/_4$ l Wasser
$^1/_2$ TL Salz
3 Wacholderbeeren
3 Pimentkörner
6 Pfefferkörner
1 Lorbeerblatt
$^1/_2$ TL Thymian
$^1/_4$ l dunkles obergäriges
Landbier

Für die Beize das Suppengrün und die Zwiebeln kleinschneiden und mit den übrigen Zutaten 30 Minuten kochen. Nach dem Abkühlen das Fleisch zugeben, den Topf mit einem Küchenhandtuch abdecken und 24 Stunden kühl stellen. Das Fleisch öfter wenden. Den Rücken nach dem Beizen trockentupfen.

Anschließend das Fleisch mit Salz, Pfeffer, Rosmarin, Thymian und Knoblauch einreiben und in Olivenöl anbraten, danach die Zwiebeln und die Tomaten zufügen.

Eine Masse aus Paniermehl, Salz, Pfeffer, Knoblauch, Petersilie und Olivenöl rühren und auf das Fleisch streichen. Die Schmorzeit beträgt 30 bis 60 Minuten je nach Bratengröße. Zum Servieren die Teller gut vorwärmen.

Coq à la bière

Zutaten:

1 Hähnchen aus Freiland- haltung	1 Prise Salz schwarzer Pfeffer
80 g Butter	gehackte Petersilie
150 g Speck	250 g frische Champignons
2 Zwiebeln	100 g Crème fraîche
1/2 l untergäriges Bier	1 Eigelb
2 Knoblauchzehen	

Das Hähnchen grob zerteilen und die Stücke in Butter goldbraun anbraten. Nach dem Abkühlen das Fleisch von den Knochen lösen und in pflaumengroße Stücke zerlegen. Den gewürfelten Speck und die zerkleinerten Zwiebeln anbraten. Das Hähnchenfleisch dazugeben, mit Bier ablöschen und zusammen mit Knoblauch, Salz, Pfeffer und Petersilie fertig garen lassen. 5 Minuten vor dem Ende der Garzeit die in Scheiben geschnittenen Champignons dazugeben. Zum Schluß Crème fraîche mit dem Eigelb verquirlen und unter die Biersoße rühren – nicht mehr kochen.

Ein betrunkenes Hühnchen hat schon so manchen Feinschmecker erfreut und seinem Gaumen gemundet – warum nicht auch Ihnen?!

Obatzda

Zutaten:

500 g reifer Camembert	Salz
250 g Doppelrahmkäse	Pfeffer
80 g Butter	Kümmel
1 Zwiebel	Bier

Käse, Butter, die sehr klein gehackte Zwiebel und die Gewürze mit einer Gabel vermischen und mit so viel Bier ergänzen, bis sich eine streichfähige Konsistenz bildet. Kalt mit dunklem Vollkornbrot, Rettich und einem Glas Bier servieren.

GETRÄNKE MIT UND AUS BIER

Ostfriesisches Eierbier

Zutaten:

$^3/_4$ l Bier	2 Eier
100 g Kandis	2 cl Korn
1/2 Stange Zimt	$^1/_8$ l Sahne
1 Messerspitze Ingwer	

Das Bier mit dem Kandiszucker, der Zimtstange und dem Ingwer erhitzen. Die Eier schaumig schlagen und unter Rühren langsam in das heiße Bier rühren. Die Zimtstange entfernen, den Korn dazugeben, die ungeschlagene Sahne unterrühren und heiß servieren.

> **Wem Bier allein nicht reicht, der findet hier ein paar ausgewählte Rezepte zur Anreicherung seines selbstgebrauten Gerstensaftes, der so sicherlich auch Gästen munden wird.**

Bierlikör

Zutaten:

½ l dunkles Bier	1 Päckchen Vanillezucker
200 g Zucker	¼ l Korn

Das Bier mit dem Zucker aufkochen lassen, nach dem Abkühlen mit dem Korn vermischen und in eine schöne Likörflasche abfüllen.

Schaumbier

Zutaten:

½ l Bier	abgeriebene Schale
2 Eier	einer halben
50 g Zucker	unbehandelten
	Zitrone

Alle Zutaten in einen Topf geben und bis kurz vor den Siedepunkt erhitzen. Dabei sollte die Flüssigkeit ständig mit dem Schneebesen geschlagen werden. Danach den Topf vom Herd nehmen, noch etwas weiterschlagen und abschließend in Gläser füllen.

Honigbier

Zutaten:

50 g Hafermehl	4 TL Honig
½ l Bier	0,4 cl Scotch Whisky

Das Hafermehl mit dem Bier anrühren und zusammen mit dem Honig erhitzen. Das Honigbier gut abkühlen lassen und vor dem Servieren mit Whisky verrühren.

ANHANG

KLEINES LEXIKON DER FACHBEGRIFFE

Abläutern Das Abgießen und Filtern der Maische, d. h. die Trennung von klarer Bierwürze und Treber.

Abschöpfen Die Entfernung der unerwünschten Stoffe und der überschüssigen Hefe von den Kräusen während und nach der Hauptgärung.

Acidität Säuregrad oder Säuregehalt einer Flüssigkeit. In der Wasseranalytik wird die freie Kohlensäure durch den Basenverbrauch bestimmt (Titration).

Alkalität Reaktion als Lauge (Säureverbrauch, das Säurebindungsvermögen).

Alkoholarm Alkoholarm darf sich ein Bier nennen, das höchstens 1,5 Gewichtsprozente Alkohol hat.

Alkoholfrei Es dürfen nur Biere mit weniger als 0,5 Gewichtsprozent Alkohol als alkoholfrei bezeichnet werden.

Alpha-Amylasen Enzyme, die die großen, verkleisterten Zuckermoleküle der Malzstärke aufspalten, um sie in der Bierwürze zu verflüssigen. Es bilden sich überwiegend nicht vergärbare Dextrine.

Alphasäure (Humulon), ein Bestandteil des Hopfenharzes mit hohem Bitterwert.

Amylasen Siehe Enzyme.

Anstellen Die Einleitung des Gärprozesses, bei dem der Bierwürze (Anstellwürze) die Hefe zugegeben wird.

Aromahopfen Hopfensorten, die das Bukett des Bieres bestimmen.

Aufgießen Das Übersprühen des Trebers nach dem Maischen mit heißem Brauwasser (Nachguß), um noch vergärbare Substanzen auszuwaschen.

Ausfällen Durch die abrupte Abkühlung der Bierwürze vor der Hauptgärung werden Eiweißstoffe von der Würze abgeschieden (ausgefällt).

Bentonite Tongestein, das hauptsächlich aus dem Schichtsilikat besteht und durch Verwitterungsprodukte vulkanischer Tuffe (Tertiär) entstanden ist. Gewinnung unter anderem aus Gruben in Niederbayern. Der Name stammt vom ersten Fundort in Fort Benton (USA).

Beta-Amylasen Siehe Maltose.

Betasäure (Lupulin), das Harz der Hopfendolden, es enthält die Träger der Aroma- und Bitterstoffe.

Bicarbonate Saure, kohlensaure oder doppelkohlensaure Salze. Synonym für Hydrogencarbonat.

Bittere Der vom Hopfen bestimmte, leicht bittere Geschmack des Bieres.

Carbonate An Kohlensäure gebundene Kalzium-, Natrium- und Magnesiumsalze, die bei hellen Bieren den Brauprozeß negativ beeinflussen.

Chlorierung Wasseraufbereitung (Desinfektion) mit elementarem Chlor oder Chlorverbindungen. Es können gesundheitsbedenkliche Chlorkohlenwasserstoffe entstehen.

Cytasen Siehe Enzyme.

Dekoktion Das Maischen mit Erhitzen einer oder mehrerer Teilmengen der Würze und anschließender Wiederzuführung in die Hauptmaische.

Dextrin Einer der beiden beim Maischen entstehenden Zukker, der durch das Alpha-Amylase-Enzym gebildet wird.

Dialyse Verfahren zur physikalischen Trennung verschiedener Stoffe aus einer Lösung mittels einer halbdurchlässigen Membran.

Diastase Ein Ferment, das die Umwandlung der Stärke im Malz in gärungsfähigen Zucker bewirkt.

Einmaischtemperatur Weil das kältere Malzschrot die Temperatur des Hauptgusses senkt, sollte der Hauptguß um 5 bis 10 °C wärmer angesetzt werden als die zu erreichende Einmaischtemperatur.

Enzyme Enzyme oder Fermente sind hochkomplizierte Eiweißstoffe, die als Katalysatoren biochemische Prozesse auslösen oder beschleunigen. Sie entstehen bei der Keimung der Braugerste und bauen die Stärke zu vergärbarem Malzzucker ab. Diese Enzyme werden Amylasen genannt, weil sie Stärke (= Amylase) abbauen. Beim Mälzen werden daneben noch weitere Enzyme gebildet, und zwar Proteasen für den Abbau der Proteine (Eiweißstoffe) sowie Cytasen zur Auflösung der Zellwände.

FCKW Abkürzung für Fluorchlorkohlenwasserstoffe, finden besonders als Treibgase, Kältemittel und bei der Kunststoffverschäumung Verwendung. Verantwortlich für die Zerstörung der schützenden Ozonschicht in der Stratosphäre.

Filtrierung Die Klärung des fertigen Bieres in der Großbrauerei mit Hilfe von Schönungsmitteln und Filtern, die dem Bier eventuell noch vorhandene Trübungen und Sedimente entzieht.

Gärung   Bei der alkoholischen Gärung des Bieres mit Hilfe der Lebenstätigkeit der Hefe (Zellteilung) wird Malzzucker in gleiche Teile Alkohol und Kohlensäure zerlegt.

Giberellinsäure   Siehe Wachstumsregulatoren.

Hauptguß   Die für den Einmaischsud benötigte Brauwassermenge.

Hefestich   Ein bitterer Biergeschmack, der aufgrund einer schlecht ausgewählten Hefe entstehen kann. Hefetrübes Bier hat diesen Geschmack, aber auch Bier, das lange auf einer Sedimentschicht von Hefe und nicht löslichen Feststoffen gelagert wurde.

Humulon   Siehe Alphasäure.

Hydrogencarbonat   Bezeichnung für die Gruppe von Salzen der Kohlensäure. Doppelkohlensaures Salz mit Säurewasserstoffrest. Beim Kalziumhydrogencarbonat ($CaHCO_3$) das in Lösung gegangene Kalziumcarbonat ($CaCO_3$) + Wasser (H_2O) + Kohlendioxid (CO_2).

Infusion   Das einfache Maischen bei auf- oder absteigender oder gleichbleibender Temperatur.

Insektizide   Pflanzenschutzmittel zur Bekämpfung von Insekten. Häufigste Wirkstoffe sind sehr giftige Verbindungen aus chlorierten Kohlenwasserstoffen, organischen Phosphorverbindungen und synthetischen Pyrethroiden.

Kieselgur   Ein Süßwassersediment, das die Brauereien als Filterhilfsmittel einsetzen, um trübungsbildende Stoffe aus dem vergorenen Bier zu entfernen; sie werden bei der Filtration an der Oberfläche dieses Klärmittels gebunden.

Kräusen   Schaumgebilde aus Eiweiß, Bitterstoffen und Hefe, die sich bei der Gärung an der Oberfläche des Gärgefäßes bilden.

Lupulin   Siehe Betasäure.

Maischen Das geschrotete Malz wird in Wasser erwärmt, um seine wirksamen, schwer löslichen Bestandteile als Extrakt in die Würze zu überführen, damit sich die Stärke mit Hilfe der im Malz vorhandenen Enzyme in Zucker (Maltose und Dextrin) umwandeln kann.

Maltose Malzzucker ist einer der beiden beim Maischen entstehenden Zucker, der durch das Beta-Amylase-Enzym aus der Stärke gewonnen wird und der bei der Hauptgärung sehr schnell mit der Hefe reagiert.

Nachguß Siehe Aufgießen.

Nachzuckern Ein natürlicher Kohlensäuregehalt entsteht, wenn man der Nachgärung in der Flasche eine geringe Menge Zucker zusetzt.

Natron Natriumhydroxid (NaOH) oder Ätznatron; die wäßrige Lösung heißt Natronlauge.

Nitrat Salz der Salpetersäure, eine Stickstoffverbindung (NO_3). Besonders die Stickstoffüberdüngung landwirtschaftlicher Flächen führt zu hohen Nitratgehalten im Trinkwasser und in manchen Pflanzen. Etwa 70 % der Nitrataufnahme des Menschen stammen aus Gemüse. Nitrat kann durch Bakterien im menschlichen Körper zum giftigen Nitrit (NO_2) umgewandelt werden, das wiederum zu krebserzeugenden Nitrosaminen reagieren kann.

Osmose Stoffübergang zwischen flüssigen Körpern durch eine sie trennende durchlässige Scheidewand.

Ozonoxidation Wasseraufbereitung (Desinfektion) mit Ozon. Es können gesundheitsbedenkliche Spaltprodukte entstehen.

Pasteurisation Kurze Erwärmung einer Flüssigkeit auf 58 bis 90 °C zur Abtötung von Mikroben. Bier wird zum Keimfreimachen häufig auf 60 bis 80 °C erhitzt.

Pestizide   Oberbegriff für alle zur Abwehr oder Vernichtung von Schadorganismen geeigneten chemischen Stoffe. Hierzu zählen z. B. Fungizide (gegen Pilze), Herbizide (gegen Unkräuter), Insektizide (gegen Insekten), aber auch synthetische Wuchsstoffe. Viele Pestizide sind für das Artensterben von Tieren und Pflanzen verantwortlich und auch für den Menschen ausgesprochen giftig.

PHB-Ester   Parahydroxibenzoesäureester; vorwiegend Pilze und Hefen hemmender Konservierungsstoff.

Phosphate   Salze der Phosphorsäure. Die Phosphordüngung des Bodens findet in der Landwirtschaft meist mit Kaliumphosphat statt. Sie führt zur Überdüngung (Eutrophierung) von Gewässern, an der die Landwirtschaft zu etwa 25 % beteiligt ist.

pH-Wert   (pondus Hydrogenii), Zeichen für den negativen dekadischen Logarithmus der Wasserstoffionenkonzentration. Begriff zur Kennzeichnung des Säure- oder Alkalitätsgrades einer Lösung. Ein pH-Wert unter 7 ist sauer, ein pH-Wert über 7 ist alkalisch.

Proteasen   Siehe Enzyme.

Pyrethroide   Insektizide, die ursprünglich aus natürlichen Chrysanthemenarten isoliert (natürliches Pyrethrum) und heute überwiegend synthetisch hergestellt werden. Sie wirken auch gegen Nützlinge, sind hochgiftig für Fische und gelten als starkes Nervengift für Menschen.

Schüttung   Die für das Maischen benötigte Menge an Malzschrot.

Sediment   Ablagerung nicht löslicher Feststoffe (Hefe, Eiweiß, Hopfenharze) auf dem Boden des für Nachgärung und Klärung gelagerten Bierbehälters.

Spundung Ein in der Brauerei angewendetes Verfahren, bei dem das Bier während der Nachgärung unter einem exakt eingestellten Druck gehalten wird, um die erwünschte Lösung der Kohlensäure zu erreichen.

Stärke Alle Getreidesorten enthalten Stärke, die unter bestimmten Bedingungen und unter Mitwirkung von Enzymen zu vergärbarem Zucker abgebaut wird.

Stammwürzegehalt Der Extraktgehalt bzw. der Gehalt an löslichen Stoffen der unvergorenen Anstellwürze in Gewichtsprozenten, aus der sich durch die Gärung etwa je zu einem Drittel Alkohol, Kohlensäure und unvergorener Restextrakt bildet. Gemessen wird der Extraktgehalt mit der Bierwürzespindel.

Sudhaus Das Zentrum der Brauerei mit dem Maischbottich, dem Läuterbottich und der Würzpfanne.

Sulfite, Sulfate Salze schwefeliger Säuren.

Treber Die unlöslichen Rückstände des Malzes nach dem Maischen. In der Brauerei verbleibt der Treber nach dem Abziehen der Würze im Läuterbottich und ist ein wertvolles Viehfutter.

Trub Die beim Kochen der Würze ausgeschiedenen Eiweißstoffe und Hopfenbestandteile. Der Trub wird vor der Gärung durch Filter entfernt.

Vergärungsgrad Das Ausmaß, in welchem die gärfähigen Zucker von der Hefe in Alkohol und Kohlensäure umgesetzt werden.

Verzuckerung Der Abbau der Stärke im Malz zu Zucker durch Erhitzen und Einwirkung amylolytischer Enzyme.

Vorderwürze Die beim Abläutern und Aufgießen entstandene klare verdünnte Bierwürze.

Wachstumsregulatoren Synthetisch hergestellte Verbindungen (sie gehören zu den Herbiziden), die auf Wachstum und Entwicklung der Pflanze einwirken. Giberellinsäure beeinflußt z. B. das Längenwachstum (Halmverkürzung im Getreidebau). Der dort eingesetzte Wirkstoff Chlorcholinchlorid wird von Toxikologen als sehr bedenklich eingeschätzt.

Wasseraufbereitung Für das Bier ist die Qualität des Brauwassers von großer Bedeutung. Darum werden in der Brauerei unerwünschte Bestandteile, wie z. B. die für die Carbonathärte verantwortlichen Salze, durch die Wasseraufbereitung entfernt.

Wasserglas Natriumsilikat, wird hergestellt durch Zusammenschmelzen von Kieselsäure und Natriumcarbonat.

Weichen Der Braugerste wird zu Beginn des Mälzens Wasser zugeführt, um durch Quellung die Keimung einzuleiten.

Wasserhärte Die Gesamthärte eines Wassers ist der zahlenmäßige Ausdruck seiner chemisch wirksamen Salze, sie umfaßt alle Kalzium- und Magnesiumsalze.

Würze Die Würze ist ein Produkt des Maischens; sie wird durch Erhitzen der in Lösung gegangenen Bestandteile des Malzes hergestellt. Der Würzegehalt ist ein Maßstab für die Menge des verarbeiteten Malzes.

Zymase Ein für die Einleitung der Gärung verantwortliches Hefeenzym.

BEZUGSQUELLEN

Anders als in England oder den USA ist bei uns die Selbstversorgung mit Bier noch nicht sehr verbreitet. Aus diesem Grund gibt es bisher nur etwa ein halbes Dutzend Bezugsquellen für den Hobbybrauer. Diese Firmen bieten ausschließlich Rohstoffe aus konventionellem Anbau an. Da der Hobbybrauer beim biologisch orientierten Bierbrauen aber völlig ohne Hilfs- und Konservierungsstoffe auskommt, sollen in diesem Buch auch nur Rohstoffe empfohlen werden, die aus kontrolliertem ökologischem Landbau stammen, also auch ohne chemisch-synthetische Pflanzenschutzmittel und Stickstoffdüngemittel angebaut werden. Wer in der Nähe einer Bio-Brauerei wohnt, sollte sich erkundigen, ob sie Braurohstoffe in kleinen Mengen abgibt. Auf den Versand der Rohstoffe ist allerdings keine Brauerei eingerichtet.

Ökologische Rohstoffe (Bioland), die Geräte und das komplette Zubehör für die häusliche Bierbrauerei können auf dem Versandweg bezogen werden bei (Prospekt und Preisliste mit frankiertem Rückumschlag anfordern!):

DER HOBBYBRAUER-VERSAND
Bioland-Rohstoffe + Zubehör für die Haus- und
Hobby-Bierbrauerei
Satkau Nr. 1
D-29459 Clenze

WEITERE NÜTZLICHE ANSCHRIFTEN:

Versuchs- und Lehranstalt für
Brauerei (VLS)
Seestr. 13
13353 Berlin
Tel. (0 30) 45 09-0
Fax (0 30) 4 53 60 69

Deutscher Braumeister- und
Malzmeister-Bund e. V.
Arndtstr. 47
44135 Dortmund
Tel. (02 31) 57 11 21
Fax (02 31) 52 42 61

Bundesverband Naturkost –
Naturwaren e. V.
(BNN)
Robert-Bosch-Str. 6
50354 Hürth
Tel. (0 22 33) 6 76 23

Deutscher Brauer-Bund e.V.
(DBB)
Annaberger Str. 28
53175 Bonn
Tel. (02 28) 9 59 06-0
Fax (02 28) 9 59 06-16

Arbeitsgemeinschaft
ökologischer Landbau
(AGÖL)
Baumschulenweg 11
64295 Darmstadt
Tel. (0 61 55) 20 81
Fax (0 61 55) 57 74

Bioland-Bundesverband für orga-
nisch-biologischen Landbau e. V.
Nördliche Ringstr. 91
73033 Göppingen
Tel. (0 77 61) 91 01 20
Fax (0 77 61) 91 01 27
Bioland-Landesverbände in:
Baden-Württemberg, Bayern,
Brandenburg, Hessen, Nieder-
sachsen, Nordrhein-Westfalen,
Rheinland-Pfalz/Saarland,
Schleswig-Holstein

Vereinigung der Haus- und
Hobbybrauer Deutschland e. V.
Herr Christian von der Heide
Adlzreiterstr. 27
80337 München
Tel. (0 89) 77 08 83

Naturland-Bundesverband für
naturgemäßen Landbau e. V.
Kleinhaderner Weg 1
82166 Gräfelfing
Tel. (0 89) 8 54 50 71
Fax (0 89) 85 59 74

Verband Deutscher Hopfen-
pflanzer e. V.
Kellerstr. 1
85283 Wolnzach
Tel. (0 84 42) 34 44
Fax (0 84 42) 42 70

LITERATURHINWEIS

Wer bei der Beschaffung von weiterführender Literatur Probleme hat, sollte sich wenden an: Fachbuchhandlung und Getränkefachverlag Hans Carl, Andernacher Str. 33 a, 90411 Nürnberg, Tel. (09 11) 9 52 85-29/42, Fax (09 11) 9 52 85-48. Der Verlag hält eine Broschüre bereit über „Fachliteratur für Brauerei, Mälzerei und Getränkewirtschaft".

H. J. Barth, C. Klinke, C. Schmidt. *Der große Hopfenatlas.* 1994.

Der vollkommene Bierbrauer oder kurzer Unterricht alle Sorten Bier zu brauen. Frankfurt/M. 1784. Reprint 1990.

Bioland Verband für organisch-biologischen Landbau e. V. *Bioland-Braurichtlinien* von 1994.

Bioland Verband für organisch-biologischen Landbau e. V. *Bioland-Richtlinien für Pflanzenbau, Tierhaltung und Verarbeitung.* Fassung vom 2./3. Mai 1994.

Chemie in Lebensmitteln. Hrsg. Katalyse-Umweltgruppe Köln e. V., Zweitausendeins-Verlag, Frankfurt/M. 1982

Jean de Clerck. *Lehrbuch der Brauerei.* VLB Berlin 1965 (zwei Bände).

Deutsche Bierspezialitäten. Der große DLG-Bierführer. DLG-Verlag, Frankfurt/M. 1993.

Deutschland, deine Biere. Das Buch zur Fernsehserie. 1993.

Kurt Gayer. *Das Deutsche Bierlexikon.* Moderne-Verlags-GmbH, Landsberg 1984.

Arne Grunau, Thomas Klawunn. *Bier selbst gebraut, eine praxisorientierte Anleitung für den Hausgebrauch.* K. Schulz Verlag, Göttingen 1994.

Handbuch der Brauerei-Praxis. Hrsg. Dr.-Ing. K. U. Heyse. H. Carl Verlag, Nürnberg 1994.

Dieter Höllhuber, Wolfgang Karl. *Die Biere Deutschlands.* 1993.

Michael Jackson. *Bier International.* Hallwag, Bern und Stuttgart 1994.

H. Kohlmann, A. Kastner. *Der Hopfen.* Hopfen Verlag, Wolnzach 1975.

Michael Krieger. *Richtlinien des Riedenburger Brauhauses für die Herstellung der „Riedenburger Weiße".* Riedenburg 1993.

Kronenbrauerei Rudolf Wahl. *Grundsätze für die Herstellung unserer Ökokrone.* Gundelfingen o. J.

Dave Laing, John Hendra. *Bier brauen.* Otto Maier Verlag, Ravensburg 1987.

Rolf Lohberg. *Das große Lexikon vom Bier.* Scripta Verlags-Gesellschaft mbH, Ostfildern o. J. (Sonderausgabe mit Genehmigung des Original-Verlages, VMA-Verlag Wiesbaden)

N. Messing. *Heilen mit Bierhefe. Die Wiederentdeckung einer alten Volksarznei.* 1992.

Ludwig Narziß. *Abriß der Bierbrauerei.* F. Enke Verlag, Stuttgart 1995.

Naturland-Verband für naturgemäßen Landbau e. V. *Verarbeitungsrichtlinien für Brauereien.* Gräfelfing 1995 (Entwurf).

Clive La Pensee. *Hausbrauen heute.* Montag Publications, Beverly (England) 1993.

Jean Pütz. *Bier, selbstgebraut.* In: Das Hobbythek-Buch 7. Verlagsgesellschaft Schulfernsehen – vgs –, Köln 1982, S. 11–40.

L. Reiner. *Sommergerste aktuell.* 1985.

Richtlinien für die Herstellung von Öko-Bieren. Hrsg. Neumarkter Lammsbräu. Neumarkt/Opf. 1993.

Wilfried Rinke. *Das Bier.* Paul Parey Verlag, Berlin und Hamburg 1967.

Paul Rothenhäusler. *Das kleine Buch vom Bier.* Sanssouci 1966.

H. Schlosser. *Braurechte, Brauer und Braustätten in München. Zur Rechts- und Sozialgeschichte des spätmittelalterlichen Brauwesens.* 1981.

John Seymour. *Das große Buch vom Leben auf dem Lande. Ein praktisches Handbuch für Realisten und Träumer.* Otto Maier Verlag, Ravensburg 1976.

Wolfgang Vogel. *Bier aus eigenem Keller.* Eugen Ulmer Verlag, Stuttgart 1993.

Wasser für Brauereien. Hrsg. Peter Dilly. 1989.

Rechtliche Grundlagen

Gesetz zur Anpassung von Verbrauchssteuer- und anderen Gesetzen an das Gemeinschaftsrecht sowie zur Änderung anderer Gesetze (Verbrauchssteuer-Binnenmarktgesetz) vom 21.12.1992. Artikel 2 dieses Gesetzes: Biersteuergesetz 1993 (BGBl. I, 1993, S. 2150).

Verordnung zur Durchführung des Biersteuergesetzes (Biersteuer-Durchführungsverordnung) vom 24.8.1994 (BGBl. I, 1994, S. 2191).

Bekanntmachung der Neufassung des Vorläufigen Biergesetzes vom 29.7.1993 (BGBl. I, 1993, S. 1399).

Bekanntmachung der Neufassung der Verordnung zur Durchführung des Vorläufigen Biergesetzes vom 29.7.1993 (BGBl. I, 1993, S. 1422).

Bierverordnung vom 2.7.1990 (BGBl. I, 1990, S. 1322), zuletzt geändert durch Erste Verordnung zur Änderung der Bierverordnung vom 23.11.1993 (BGBl. I, 1993, S. 1912).

Stichwortverzeichnis

Abkochen 45
Abkühlen 72, 83
Abläutern 66, 82
Acht Phasen der Bierherstellung 59, 82
Ale 35
Alkoholgehalt 76, 91
Alt 98
Altbier 98
Anstellwürze 73, 76
Arbeiten, steriles 71, 77
Aroma-Doldenhopfen 35
Aufgießen 67
Aufkeimen des Wassers 47
Ausfällen 72
Ausrüstung 51
Ausschlagen 71 f., 83
Ausschlagwürze 71
Automatisierung 118

Bakterien 68
Bayern 111
Bestandteile, antibiotische 34
Bezugsquellen 137
Bier und Gesundheit 102
Bier, bitteres 74
Bier, dunkles 33
Bier, germanisches 106
Bier, klares 78
Bier, naturtrübes 78
Bier, obergäriges 73
Bier, trübes 74
Bier, untergäriges 73, 92

Bierarten 92
Bierausstoß 119
Bierbrauerei, moderne 118
Bierflasche 57
Biergattungen 91
Biergenuß 81
Biergläser 84
Bierglasreinigung 84
Bierhefe 38
Bierkarbonaden vom Rind, wendländische 124
Bierkonsum 119
Bierlikör 128
Biermenge 51
Bierrezept 1 87
Bierrezept 2 88
Bierrezept 3 89
Bierrezept 4 90
Bierrezepte 84
Biersorten 25
Biersorten, deutsche 93, 94 ff.
Bierspindel 52, 54, 67
Biersteuer 12, 99, 100
Bierstoffe 103
Biersuppe, friesische 124
Biertyp 85
Biertypen 93
Bierwürzespindel 52
Bio-Brauereien 14, 25, 26
Bioland-Richtlinien 19, 20
Bitterkeit 34
Blausucht 49
Brauereimuseen in Deutschland 120

Braugerste 15, 28
Braugeschirr 109
Brauhandwerk 110
Braumethodik 116
Braunglasflaschen 57
Brauversuche, erste 63
Brauvorgang 59, 60
Brauwasser 39, 62, 86, 93
Brauwasser, Grenzwerte für 40

Carbonathärte 41, 43, 45
Chemieeinsatz 15
Coq à la bière 126

Darren 30
Deutschland 100
Dextrine 61
Diastase-Malzextrakt 31
Dickmacher 101
Drawehner Biersuppe 123
Düngereinsatz 16

Eierbier, ostfriesisches 127
Einheitscharakter 24
Einmaischen 62
Einmaischtemperatur 62
Einschenken 84
Eisenzeit 105
Eiweißrast 64
Eiweißstoffe 72
Enzyme 29, 61, 64

Europa 113
Export 98
Extraktanteil, unvergär-
   barer 76
Extraktanteil, vergär-
   barer 76
Extrakte 18

Farbmalz 30
Filter 55
Filtern, erstes 66
Filtern, zweites 71
Filterpatronen 47

Gärbehälter 72
Gärdauer 74
Gärgefäß 56
Gärröhrchen 79, 80
Gärtemperatur 74
Germanen 105
Gerste 28
Gerstensorte 93
Geschichte des Bieres
   104
Geschmacksprobe 76
Gesundheitsaspekt
   103
Giberellinsäure 18
Großbrauerei 118
Grundausstattung 51,
   58
Grundwasser 48
Grünmalz 30

Hallertau 35
Hamburg 110
Härtebereiche des
   Wassers 44
Harze 68
Hauptgärung 73, 83
Hauptgärung im
   Überblick 75
Hefe 36, 77, 92, 112

Hefe, obergärige 37
Hefe, untergärige 37
Hefegift 49
Heferasse 37
Hefezellen 38
Heidschnucken-Lamm-
   rücken Satkauer Art
   125
Hitzezufuhr 69
Hobbybrauer 10,12,
   30, 33, 36, 38, 40,
   50, 53, 56, 63, 67,
   78, 81, 100
Hochmittelalter 107
Honigbier 128
Hopfen 33, 111
Hopfenanbau 16
Hopfenanbaugebiete
   35
Hopfenmenge 70
Hopfenpellets 36, 70
Hopfenzugabe 68,
   82
Hopfenzugabe,
   schwächere 70
Hopfenzugabe, stärke-
   re 70

Infusionsverfahren,
   aufsteigendes 61
Inhaltsstoffe, wertvolle
   13

Jodprobe 65
Jungbier 75

Karamelaroma 30
Karamelgeschmack
   33
Kinder 49
Klärung 77, 83
Klosterbraukunst 106
Kochen mit Bier 123

Kochlöffel 52
Kohlendioxid-Druck
   79
Kölsch 98
Konservierungsstoffe
   18
Kontrollen 17
Konzentrationsprozeß
   24
Kosten 12
Kräusen 75
Kühlbehälter 72
Kühlwirkung 72

Lager 98
Lagerbier 98
Lagerung 18, 77, 79
Lagerung bei der
   Hauptgärung 74
Lagerzeit 80
Lexikon 129 ff.
Lichteinfluß 57
Literatur 139 ff.
Lupulin 34

Maische 55, 63
Maischen 46, 61, 82
Maischphase, letzte
   66
Maischverfahren 93
Maltoserast 64
Maltosezucker 29
Malz 29, 86
Malz schroten 31,
   60
Malzbereitung 29,
   32
Malzbier 98
Malzextrakt 31
Malzsorten 30
Malzverfahren 93
Maßsystem, Balling-
   sches 116

Mikroorganismen 117
Mineralbestände 44
Mittelalter 35, 99, 109
Mönche 107

Nachgärfässer 79
Nachgärung 77, 79, 83
Nachgärung in Flaschen 78
Nährwert 101
Nichtcarbonathärte 42, 45
Nichteignung des Trinkwassers 39
Nitrat 48, 49
Nitratanteil 48
Nitrit 48

Obatzda 127
Obergärung 75
Oechslewaage 53
Öko-Bier 24
Öle 68

Pasteur, Louis 117
Pellets 18
pH-Wert 42
Pilsen 93
Preßtabletten 18

Reformation 108
Reifung 80
Reinheitsgebot 13, 111, 113, 115
Reinigung der Brauutensilien 71
Resistenz-Züchtungen 17
Rezepte 12
Rohstoffe, ökologische 11, 13

Rückstände, agrarchemische 17

Säurewert 47
SBV-Wert 43
Schaumbier 128
Schaumkrone 74
Schlauchen 77, 79
Schnellgärung 19
Schrotmühle 52
Selbstversorger 10
Sommergerste 28
Sonneneinstrahlung 57
Sorten, obergärige 94
Sorten, untergärige 93
Stammwürze 86
Stammwürzegehalt 69, 76, 86, 91
Starkbier 98
Stärkegehalt 28
Steuer 99
Stoffe, krebserregende 14
Süddeutschland 110
Sumerer 104

Teststreifen für die Wasserqualität 40
Treber 67
Trinktemperatur 81
Trinkwasser 39
Trockenhefe 38, 61
Typ Alt 87
Typ Export 90
Typ Kölsch 88
Typ Landbier 89

Überdüngung 48
Überschwänzen 67
Umweltschutz 25

Verbände 138
Verbraucherschutz 25
Verdrängungswettbewerb 118
Verzuckerungsrast 65
Vorbereitungen 60, 82
Vorderwürze 67

Wachstumsvorgang 29
Wasser kochen 41
Wasser, alkalisches 42
Wasser, enthärten 60
Wasser, hartes 44
Wasser, neutrales 42
Wasser, saures 42
Wasserenthärtung mit Aktivkohle 47
Wasserenthärtung mit Ätzkalk 46
Wasserenthärtungsverfahren 39, 45
Wasserhärte 40, 43, 86
Wasserqualität 39
Weiße 98
Weiterverarbeitung 18, 19
Weizenbier 98
Weizenbock 98
Wirkung, ökotoxikologische 16
Würze 66, 68, 71, 73, 82
Würzgehalt 67
Würzgehalt prüfen 67

Zucker, vergärbarer 29, 92
Zuckercouleur 33